Kleiner Seelenschmaus

Rezepte für Entspannung
und mehr Energie

Katharina Lindner

Kleiner Seelenschmaus

Rezepte für Entspannung
und mehr Energie

Bibliografische Information der Deutschen Nationalbibliothek:
Die Deutsche Nationalbibliothek verzeichnet diese Publikation in der Deutschen Nationalbibliografie; detaillierte bibliografische Daten sind im Internet über http://dnb.dnb.de abrufbar.

TWENTYSIX – Der Self-Publishing-Verlag
Eine Kooperation zwischen der Verlagsgruppe Random House und BoD – Books on Demand

© 2019 Katharina Lindner

Herstellung und Verlag:
BoD – Books on Demand, Norderstedt

ISBN: 9783740762193
Coverbild: Katharina Lindner
Collagen im Buch: Katharina Lindner

Lieber Leser, liebe Leserin!

Heutzutage verlangt das Leben uns Einiges ab. Wir sollen Erwartungen erfüllen, Aufgaben erledigen, Rollen spielen und zu jedem Zeitpunkt unser Bestes geben. Kein Wunder, dass viele von uns den Alltag als stressig und hektisch erleben oder sogar ernsthafte Einbußen bei Wohlbefinden und Gesundheit hinnehmen müssen. Der Druck, der auf uns lastet, ist gewaltig. Nicht nur, weil andere Menschen ihn an uns herantragen: Oft genug schaffen wir uns diesen Druck selbst und manchmal merken wir es gar nicht.

Es ist an der Zeit, einen Gang runterzuschalten!
Nutze dieses Buch, um deine Seele ein bisschen zu verwöhnen, ihr eine Pause zu schenken und dich auf dich selbst zu besinnen. Du brauchst von Zeit zu Zeit die Möglichkeit, innerlich einen Schritt zurückzutreten und dich mit dem Kostbarsten zu beschäftigen, was du hast in diesem Leben: dir selbst.

Lass die Welt ohne dich eine Weile verrücktspielen – das tut sie sowieso.
Und nimm dir bewusst die Zeit und die Gelegenheit, um Kraft zu tanken, innerlich ruhiger zu werden und dich fröhlich zu stimmen.

Was du im Buch findest:

Kleine Kreativ-Aufgabe:
Bereite einen Teeteller vor!.................... 10

Kleine Kreativ-Aufgabe:
Gestalte ein Glücksglas!........................ 12

Liebevolle Gedanken:
Du bist einzigartig. 15

Gesund und lecker:
Rezept für Powerplätzchen.................... 19

Sorge gut für dich!
Vom Umgang mit Stress....................... 23

Nutze deine Kleidung!
Farben und ihre Wirkung auf die Psyche 40

Verwöhne deine Haut und deine Seele!
Rezept für eine reichhaltige Bodybutter............ 48

Nutze die Macht der Düfte!
Die Wirkung von Aromaölen 51

Gönn dir ein Verwöhnprogramm!
Heute ist dein Wellnesstag.................... 56

Liebevolle Gedanken:
Von deinem Umgang mit dir 61

Wie du dir deine Zeit zurückeroberst:
Ideen, um Zeit zu verschwenden 65

Liebevolle Gedanken:
Erlaube dir… 70

Kosmetik für ein gutes Gefühl:
Rezept für ein festes Parfüm 85

Der Extraschub Energie durchs Naschen:
Rezept für leckere Energiekugeln 87

Lerne dich selbst besser kennen:
Wünsche – Träume – Sehnsüchte 89

Tue dir Gutes!
Maßnahmen zur Entspannung / Erholung 92

Tue dir Gutes!
Maßnahmen zur Steigerung der Energie 96

Tue dir Gutes!
Maßnahmen für mehr Inspiration 100

Heilsame Melodien:
Musik, die entspannt / Energie schenkt 105

Sei heute einmal nicht perfekt!
Wie die Pareto-Regel der Seele nützt 108

Bleibe in Verbindung!
Wie Kontakte dich stärken 114

Ja, aber...!
Akzeptanz und Dankbarkeit
trotz widriger Umstände 120

Bildverzeichnis:

Im Feengarten
Spiegelbild
Talente
Schlafes Schwester
Im All
Schneekönigin
In aller Fülle
Das Meer ins uns
Das Schöne
Wachsen
Sisyphos
Stille
Innehalten
Die Magie des Windes
Kostbarkeiten
Und mein Herz begann zu singen

Kleine Kreativ-Aufgabe:

Bereite einen Teeteller vor!

Bevor du mit dem Buch startest, gibt es eine kleine Bastelaufgabe für dich! Falls du das Buch verschenken willst, kannst du den Teeteller ebenfalls selbst herstellen und der Lektüre beilegen.

Gestalte nach Herzenslust einen Pappteller mit Farben. Nutze jede Art von Farben, die du magst – Acryl, Filzstifte, Buntstifte, Wasserfarben oder was immer du willst. Du kannst den Teller auch auf jede andere Weise verzieren, zum Beispiel, indem du ihn beklebst.

Beschreibe den Teller mit Komplimenten oder schönen Sprüchen. Bringe dann 22 Teebeutel auf dem Teller an. Du kannst verschiedene Sorten nutzen, damit der Teller abwechslungsreich und bunt wird.

Nun kann dich bei jedem Kapitel eine köstliche Tasse Tee begleiten! Bereite dir den Tee zu, bevor du dich mit dem Kapitel beschäftigst. Dann ab auf die Couch mit dir, weiche Socken anziehen, Kuscheldecke drüber und genießen! Zum Teeteller passen auch Kekse! Wenn du jeden Tee getrunken hast, bleiben die Komplimente und Zitate übrig.

Im Feengarten
Wovon träumst du in diesem Leben?
(Collage)

Kleine Kreativ-Aufgabe:

Gestalte ein Glücksglas!

Wäre es nicht toll, wenn du am Ende eines Jahres die schönsten Momente noch einmal durchleben könntest? Das ist noch einfacher möglich als mit einem Tagebuch, für das du vielleicht weder Zeit noch Lust hast.

Besorge dir ein Glas mit Deckel, reinige es und befreie es von Aufklebern. Gestalte dein Glas nach Lust und Laune. Du kannst es anmalen, mit Glitzer bestreuen, mit Serviettentechnik gestalten oder bekleben – deiner Fantasie sind keine Grenzen gesetzt. Stelle das Glas zu Hause auf und leg einen hübschen Notizblock und einen Stift daneben.

Immer, wenn du etwas besonders Schönes erlebt hast, notiere deinen wunderbaren Moment auf einem Zettel, falte ihn zusammen und stecke ihn in dein Glas. Am Ende des Jahres kannst du die vielen Zettel noch einmal durchlesen, vielleicht gemeinsam mit einem lieben Menschen. Du kannst dich erinnern und ganz bewusst ein zweites Mal freuen. Und du siehst sehr deutlich, wie viele wunderbare Momente das Leben für dich bereitgehalten hat, auch, wenn es vielleicht einmal nicht ganz einfach war.

Weitere Ideen für Gläser, die du gestalten und mit einer Sammlung bestücken kannst:

- Komplimente und Liebeserklärungen
- deine Stärken, Fähigkeiten und positiven Charaktereigenschaften
- Dinge, für die du in deinem Leben dankbar bist, einschließlich der Kleinigkeiten

Oder du befüllst deine Gläser mit verschiedenen Optionen, aus denen du nach Lust und Laune wählen kannst:

- Dinge, die dir guttun, wenn du gestresst oder frustriert bist
- Orte, die du noch besuchen willst oder Tätigkeiten zum Ausprobieren
- Rezepte, wenn du gern backst oder kochst (Dann kann der Zufall das nächste Gericht entscheiden.)

Erfreue dich an deinen Gläsern und greife immer mal wieder hinein! Du wirst merken, wie dich diese Aktion stärkt.

Spiegelbild
Was siehst du, wenn du dich selbst betrachtest?
(Acrylfarben)

Liebevolle Gedanken

Du bist einzigartig.

Auf den ersten Blick klingt es wie eine banale Floskel ohne tieferen Sinn: **Du bist einzigartig.** Etwas, das wir hören und gleich wieder vergessen, weil es uns zu selbstverständlich oder unglaubwürdig erscheint.

Aber weißt du, dass noch niemals ein Mensch gelebt hat, der so war wie du?
Dass es niemals einen Menschen geben wird, der so ist wie du?

Du, mit all deinen Stärken und Macken, deinen Eigenheiten, Meinungen, Überzeugungen, Eigenschaften, Fähigkeiten und Talenten, die unsere Welt unbedingt braucht! Es gibt Aufgaben, die nur du erledigen kannst und niemand sonst! Es gibt Menschen, deren Herz nur du in einer ganz bestimmten Weise berühren kannst und niemand sonst. Es gibt Wege, die nur du beschreiten, Probleme, die nur du lösen und Wunder, die nur du wahrnehmen kannst! Und niemand sonst!

Du mit deinen ganz eigenen Erfahrungen und Erlebnissen, **du bist einzigartig!**
Niemand hat gesehen, was du gesehen hast. Niemand hat deine Gedanken im Kopf, die zu Ideen und schließlich zu ganzen Welten werden. Niemand fühlt Emotionen in Farbe und Fülle so, wie du es tust. Niemand ist die Pfade deines Lebens entlanggelaufen, hat deine Entscheidungen getroffen und die Konsequenzen dafür dankend oder fluchend erlebt. Niemand war in deinem Leib und Geist, wenn du gedacht, gefühlt oder gehandelt hast.

Du, mit deiner ganz eigenen Freude, **du bist einzigartig!**
Niemand kennt deine überschäumende Freude in schönen Momenten, deine tiefe Ehrfurcht für das Einmalige, deine mitreißende Begeisterung für so manches kleine oder große Projekt, deine Energie, die so unerschöpflich ist, deine Hingabe für Dinge und Menschen, die dir am Herzen liegen. Niemand hat die Wärme, Zuneigung und Liebe gefühlt, die selbst in dunklen Zeiten wie eine rote Sonne im finsteren All für dich leuchtete.

Du, mit deinen ganz eigenen Zweifeln und Ängsten, deiner Trauer und deiner Wut, deinem

Scheitern und Loslassenmüssen und der Zukunft auf fragilen Füßen, **du bist einzigartig!**
Niemand hat die Spur deiner Tränen auf den Wangen gespürt, wenn dein Leben zerbrach und du aus den Trümmern Neues bauen musstest. Niemand weiß, wie sich die Sehnsucht anfühlt, dazuzugehören oder etwas Besonderes zu leisten und vielleicht einsehen zu müssen, dass die Dinge manchmal nicht in deiner Hand lagen.

Du, mit deinen Wurzeln, die manchmal Halt und manchmal eine Hürde sind, **du bist einzigartig!**

Du, mit deinen Flügeln, die sich nach Ausbreitung und Freiheit sehnen, **du bist einzigartig!**

Du, mit deinen Wünschen und Hoffnungen, die dich wie ein Zauberteppich durchs Leben tragen, **du bist einzigartig!**

Du, mit deinen Urteilen und Bewertungen, deinem Zaudern und Zögern, deinem Vorpreschen und Innehalten, du mit deinem Ziel, unter gegebenen Umständen immer dein Bestes zu leisten, **du bist einzigartig!**

Du bist, wie du bist.
Du bist, wer du bist.

Wünsche dir nicht, anders zu sein.
Bereue nichts, wenn du zurückdenkst.
Fürchte nichts, wenn du auf das Morgen blickst.

Du hast alles, was du brauchst.
Niemand trägt deinen Rucksack,
der manchmal eine Last ist
und manchmal das Überleben bedeutet.
Du allein trägst ihn und niemand teilt seinen Inhalt. Wenn er auch zuweilen schwer erscheint, kann er dir doch auch dienen und nutzen.

Denn du bist wie keiner sonst auf der Welt.
Du bist der einzige Mensch deiner ganz eigenen Art.

Gesund und lecker:

Rezept für Powerplätzchen

Magst du gern Süßes? Plagt dich das schlechte Gewissen, wenn du mal wieder an der Schokoladenpackung nicht vorbeigehen konntest?

Leider macht Zucker in zu großen Mengen müde und krank. Aber es gibt Möglichkeiten, gesund zu naschen und sich dabei sogar noch eine Extraportion Energie zu holen. Dieses Plätzchenrezept wird dir nicht nur munden, es macht auch wach und hilft in stressigen Phasen, eine gute Leistung zu bringen. Die Zubereitung geht sehr schnell und gelingt sogar Backmuffeln.

In den Plätzchen stecken viele gute Nährstoffe:

Walnüsse besitzen wertvolle Omega-3-Säuren und Antioxidantien. Sie senken den Cholesterinspiegel und das Krebsrisiko. Sie helfen dem Gedächtnis bei der Arbeit und sorgen für eine gute Konzentration. Sogar Heißhunger wirken sie entgegen, weshalb du nach ein, zwei Plätzchen zufrieden und gesättigt sein wirst und einen großen Bogen um herkömmliche Naschereien machen kannst.

Kakao ist die berühmte Bohne, die ihr feines Aroma aus mehr als 300 Inhaltsstoffen zieht. Besonders viel Magnesium, Kalzium und Eisen ist in Kakao enthalten. Er stärkt das Herz, senkt den Blutdruck und das Alzheimerrisiko. Zudem wirkt er konzentrationsfördernd, stimmungsaufhellend und Glücksgefühle auslösend. Genau das Richtige, um sich damit ausgiebig zu verwöhnen!

In **Haferflocken** stecken neben verdauungsfördernden Ballaststoffen auch Mineralstoffe wie Magnesium, Phosphor, Eisen und Zink, sowie Vitamine, vor allem B1 und B6. Sie besitzen wenig Fett, aber viel Protein. Haferflocken regulieren den Stoffwechsel, senken den Blutfettspiegel und stärken die Knochen. Sie sind ein richtiges Powerfood!

Zucker liefert schnelle Energien und schafft den guten Geschmack. Allerdings wird er hier in moderater Menge verwendet. Dinkelmehl ersetzt als gesunde Alternative das Weizenmehl. Alles in allem ist dieser süße Snack in jedem Fall besser zum Tee oder Kaffee als ein Stück Sahnetorte.

Du brauchst für die Plätzchen:

120 g Butter
120 Gramm Zucker
1 Ei
3 EL Milch (oder pflanzlich, z.B. Mandelmilch)
100 g Haferflocken (fein)
100 g Dinkelmehl
50 g Walnüsse, gemahlen
2 EL Kakaopulver
1 Prise Salz
1 TL Backpulver
100 g Zartbitterschokolade, gehackt

1. Vermische alle Zutaten. Du brauchst kein Rührgerät, du kannst dafür die Hände benutzen.
2. Portioniere den Teig zu kleinen Häufchen und rolle Kugeln daraus. Setze sie auf ein Backblech, das du mit Backpapier ausgelegt hast. Drücke sie etwas platt.
3. Lass etwas Abstand zwischen den Plätzchen, sie gehen ein bisschen auseinander. Backe sie bei 180° C für 13 Minuten.
4. Lass die Plätzchen auskühlen. Sie sind anfangs weich und zerbrechlich.
5. Lass sie dir schmecken!

Talente
Welche Fähigkeiten willst du entfalten?
(Collage)

Sorge gut für dich!

Vom Umgang mit Stress

Stress ist Teil unseres täglichen Lebens. Aufgrund unserer Lebensumstände können wir nur in den seltensten Fällen dem Stress aus dem Weg gehen oder ihn eindämmen. Weil wir oft in bestimmten Zwängen feststecken, die nicht so einfach zu ändern sind, haben wir manchmal keinen oder zu wenig Einfluss auf bestimmte Situationen, in denen wir uns befinden. Auch unsere Mitmenschen können wir nicht ändern. Sie sind, wie sie sind, auch, wenn ihr Handeln uns zuweilen nicht gefällt.

Den Stress selbst können wir also nicht oder nur in geringem Maß abstellen. Was wir aber tun können ist, richtig mit ihm umzugehen, damit er uns nicht schadet. Stress, der zu häufig auftritt und zu viele Bereiche unseres Lebens berührt, wirkt sich negativ auf unsere Gesundheit, unsere innere Balance und unser Wohlempfinden aus. Zu wenig macht uns allerdings auch träge und muffig, weil fehlende Reize und mangelnde Herausforderungen uns langweilen und frustrieren.

Stress macht unseren Körper und unseren Geist krank, wenn er:

- chronisch ist und uns keine Pause gönnt
- uns das Gefühl vermittelt, ihn nicht bewältigen zu können
- zu wenig Schlaf, ungesunder Ernährung, mangelnder Bewegung, sozialem Rückzug und der Aufgabe von Hobbys führt
- von einer schwerwiegenden Erfahrung verursacht wird, etwa Gewalt
- dir die Überzeugung beschert, schädlich zu sein

Im Umkehrschluss bedeutet das aber auch: Stress macht uns nicht zwangsläufig krank, sondern kann sich sogar positiv auswirken, wenn er:

- uns genug Pausen und Regenerationsphasen lässt und die Balance zwischen Anspannung und Entspannung gewahrt wird
- als Herausforderung angesehen wird, für die wir genug Ressourcen und Fähigkeiten besitzen, um sie zu bewältigen
- trotz Hektik und Eile im Alltag Möglichkeiten für genug Schlaf, gesunde Ernährung, ausreichend Bewegung, soziale

Kontakte und das Ausüben von Hobbys lässt
- keine Grenzen überschreitet, die Körper, Geist und Seele ernsthaft verletzen
- die Überzeugung mitbringt, nicht schädlich, vielleicht sogar förderlich für uns zu sein

Stress ist also nicht per se schädlich, sondern es hängt viel davon ab, wie man die Situation selbst empfindet, welche Strategien man im Umgang damit beherrscht und wie achtsam man bei vollen To-do-Listen mit sich selbst umgeht.

Gesunden Stress können wir nicht nur für uns nutzen, sondern sogar selbst schaffen!

Aber wie erkennt man überhaupt, dass man gestresst ist? Nimmt man die Signale überhaupt im Alltag wahr?

Zum Glück gibt es drei Indikatoren, die uns deutlich aufzeigen, wenn wir zu lange einen Weg verfolgen, der uns nicht guttut. Es sind der Körper, die Gedanken und die Gefühle, die uns eindeutige Signale geben. Wenn wir wissen, dass wir gestresst sind, können wir auch etwas dagegen tun. Wir ergreifen dann schneller und selbstverständlicher Maßnahmen gegen diesen Zustand oder arbeiten an unserer Einstellung. Wir reduzieren die Stressoren, soweit das möglich ist, indem wir an den Umständen etwas verändern. Wir stärken unsere innere Widerstandskraft auf verschiedenen Wegen. Wir sorgen für Pausen und einen freien Kopf. Wir bauen unsere Ressourcen zur Bewältigung aus oder wechseln die Perspektive, um eine neue Sicht auf die Dinge zu bekommen.

Woran merkst du, dass du gestresst bist?

Körperliche Ebene:

- Schmerzen (Kopf, Rücken, Magen, …)
- Verspannungen
- Beschwerden (z.B. Verdauung)
- flache Atmung, das Gefühl, zu wenig Luft zu bekommen
- Unwohlsein
- Temperaturveränderungen (Hitzegefühl oder Frieren, kalte Hände und Füße)
- Vegetative Symptome (Schweißausbrüche, Herzrasen, Zittern, …)
- Müdigkeit, Schwäche, Erschöpfung
- Übererregung, Rastlosigkeit

- Hautunreinheiten, Pickel, Ausschlag, Ekzeme
- häufiges Kranksein
- Neigung zu Missgeschicken und Unfällen

Gedankenebene:

- Reizbarkeit und schlechte Laune
- wenig Geduld
- Fluchtimpulse („Ich muss hier raus!")
- fehlendes Mitgefühl
- blockierte Kreativität
- Zynismus
- ungerechte Handlungen
- Entscheidungsunfähigkeit /-schwäche
- Wunsch nach Ruhe und einer Decke über dem Kopf
- „Mir ist alles zu viel, ich ertrage das nicht mehr."
- innerer oder äußerer Rückzug

Gefühlsebene:

- Traurigkeit, Wut (ohne bestimmten Auslöser, vielleicht unverhältnismäßig)
- Scham- und Schuldgefühle
- Neigung, sich selbst zu vernachlässigen
- Neigung, sich für andere aufzuopfern

- fehlende Fähigkeit, Probleme zu lösen
- Angst vor dem Neinsagen und dem Setzen persönlicher Grenzen

Körper, Geist und Seele zeigen uns auf vielfältige Weise, dass irgendetwas an unserer momentanen Lebensweise nicht stimmt. Die genannten Symptome sind nur eine kleine Auswahl. Es gibt noch viel mehr und vielleicht sind deine ganz anders. Nimm dir die Zeit, herauszufinden, welche Zeichen für DICH typisch sind, die auf zu viel oder schädlichen Stress hinweisen. Erstelle dir eine eigene Liste und überprüfe regelmäßig im Alltag, ob es vielleicht Momente gibt, in denen du nicht wahrnimmst, dass du etwas ändern solltest, um dich besser zu fühlen.

Manche Menschen sind genervt und verärgert, wenn Körper, Geist und Seele ihnen ihr Stresslevel allzu deutlich zeigen. Sie würden gern weiterhin reibungslos funktionieren und empfinden die Stresssignale als Einschränkung ihrer Leistungsfähigkeit oder persönliche Kränkung. Tatsächlich sind die Indikatoren aber ein ausgeklügeltes System, das nichts will, als uns vor Schaden zu bewahren.

Wir sollten uns nicht dafür verurteilen, sondern uns freuen, dass es diese wertvollen Indikatoren gibt, die uns letztendlich schützen. Im zweiten Schritt sollten wir uns Möglichkeiten überlegen, den Stress zur reduzieren oder ihn in etwas Gutes und Hilfreiches zu verwandeln.

Was kannst du tun, wenn du gestresst bist?

Tatsächlich gibt es eine riesige Menge an Dingen, die man tun kann, um seinen Stress in den Griff zu kriegen. Es ist natürlich abhängig von der individuellen Situation, wann, wie und auf welche Art bestimmte Maßnahmen greifen. Man kann und darf ein bisschen herumprobieren!

Diese Liste stellt nur eine kleine Auswahl dar. Du kannst sie gern für dich selbst ergänzen! Vielleicht fallen dir noch ganz andere Wege ein?

1. Finde heraus, welche Menschen, Dinge oder Situationen dich besonders stressen. Sensibilisiere dich dafür, wann und wie du besonders leicht in Stress gerätst oder dich unter Druck gesetzt fühlst. Du kannst den „Feind" nur „besiegen", wenn du ihn genau kennst.

2. Bewerte die Dinge versuchsweise anders:

- *Ist die Lage wirklich so arg wie befürchtet? Welches sind die schlimmsten Folgen, die sie haben kann und wie lautet dein Plan B, den du dafür in der Tasche haben wirst?*
- *Wie wirst du in zehn Stunden, zehn Tagen, zehn Monaten oder zehn Jahren darüber denken?*
- *Wie wichtig ist all das im Vergleich zu den Menschen und Dingen, die dir wirklich etwas bedeuten?*
- *Was ist das Positive daran?*
- *Was kannst du daraus lernen?*
- *Wie kann man die Dinge noch sehen, wenn man sie anders sieht als du?*

3. Schaffe kleine und große Pausen und setze sie regelmäßig und rigoros durch!

4. Ernähre dich mit Liebe und Sorgfalt. Meide Fertigprodukte und Hochverarbeitetes.

5. Bewege dich. Sport sorgt für Erfolgserlebnisse, Abwechslung und den Abbau von Stresshormonen im Blut. Es muss allerdings ein Sport sein, der dich nicht sei-

nerseits wieder stresst und der dir wirklich Spaß macht. Du bleibst sonst nicht lange dran!

6. Geh raus! Licht, Luft und ein moderater Spaziergang wirken Wunder und schaffen Abstand.

7. Notiere Erfolge, die du im Leben hattest, die großen und die kleinen. Schreibe bei jedem Erfolg auf, dank welcher Fähigkeiten du ihn erreicht hast. Die hast diese Fähigkeiten immer noch, sie sind dein Schild und deine Waffen! Nutze sie!

8. Überlege Strategien und Wege, um lösbare Probleme zu einem zufriedenstellenden Ende zu bringen.

9. Lass unlösbare Probleme los. Dinge, auf die du keinen Einfluss hast, akzeptiere! Kämpfst du weiterhin dagegen an, quälen sie dich auf eine unsinnige und sehr unangenehme Art. Mach deinen Frieden damit, indem du einen Schritt zurücktrittst und dich auf das besinnst, was dir wichtig ist und sich in deinem Einflussbereich befindet.

10. Pflege soziale Beziehungen. Freunde und Familie sind dein Bollwerk. Du darfst um Hilfe bitten, dich zeigen, wie du bist und auch mal schwach sein. Erlaube dir dies!

11. Lerne, Nein zu sagen!

12. Lerne, Grenzen zu setzen!

13. Lerne, deine Bedürfnisse wahrzunehmen, klar zu artikulieren und nachhaltig einzufordern.

14. Werde dir bewusst, wer du bist und was du kannst. Gönne dir zum Beispiel ein gutes Buch, das dir zeigt, wie du dein Selbstvertrauen und deine Selbstliebe stärken kannst.

15. Wage es, authentisch zu sein. Anfangs ist das anstrengend und es stößt oft auf Widerstand, zum einen, weil es Neid auslöst bei Menschen, die eben nicht den Mut haben, ihr Leben nach ihrer eigenen Vorstellung zu führen. Zum anderen, weil natürlich Leute Nachteile zu erwarten haben, wenn du dich auf deine Werte be-

sinnst und deine Grenzen absteckst. Nimm das in Kauf. Letztendlich nötigen Personen, die ihre echte Persönlichkeit nach außen zeigen, früher oder später ihrem Gegenüber immer Respekt ab. Du bist, wie du bist. Wer das nicht akzeptieren kann oder will, hat in deinem Leben sowieso nichts verloren. Zudem kostet es uns viel Kraft, sich ständig zu verstellen. Kraft, die anderweitig besser genutzt werden kann!

16. Sorge für Entspannung. Das geht auf verschiedene Arten:

- *Gehe einer Tätigkeit nach, die du gut kannst und die du gern machst, die dich aber nicht unter Leistungsdruck setzt. Räume dieser Aktivität ständige Termine in deinem Alltag frei, die du selbst ernst nimmst und nach außen verbindlich kommunizierst.*
- *Meditiere oder unternimm eine Fantasiereise. Du findest unter diesen Stichworten im Netz bei Youtube viele Anleitungen dafür, die dich erden, beflügeln oder beruhigen.*
- *Geh die einfachen Wege. Aufgaben müssen nicht herausragend erledigt werden, achtzig Prozent Ergebnis reichen auch! Schenke dir*

eine Verschnaufpause, indem du dich künftig weigerst, diesem Höher-Schneller-Weiter-Wahn zu folgen. Gut ist gut genug! Halte die Dinge einfach, egal, was du tust! Wirf besonders hohe Ansprüche über den Haufen. Tue die Dinge auf deine Weise und sei sicher: Du genügst genau so, wie du bist!
- *Verwöhne deinen Geist mit neuem Input. Er will sinnvoll und abwechslungsreich beschäftigt werden. Erstelle am besten gleich eine Liste mit Aktionen, die du demnächst umsetzen kannst. Leg direkt los!*

17. Grübeln ist verboten. Unterbrich Grübelmomente ganz bewusst. Entweder, du denkst unter Zuhilfenahme der Vernunft aktiv über ein Problem nach und suchst eine Lösung, oder du hörst auf, es in deinem Kopf hin und her zu schieben und lenkst dich lieber sinnvoll ab!

18. Rede positiv mit dir selbst. Wenn ein Freund oder eine Freundin gerade nicht so gut drauf ist, einen Fehler gemacht hat, nicht weiterweiß – was würdest du ihm oder ihr sagen? Würdest du Vorwürfe machen oder die geliebte Person in den sprichwörtlichen Hintern treten? Vermut-

lich nicht! Du würdest ihr Trost oder Mut zusprechen, Nachsicht und Mitgefühl zeigen und mit ihr gemeinsam das Problem in Angriff nehmen. Mit dir selbst darfst und sollst du auch so freundlich umgehen! Wir alle führen ständig innerliche Selbstgespräche, doch meistens sind die nicht sehr positiv. Sorge dafür, dass du dir selbst ein guter Freund bist und dir dies auch zeigst. Sprich mit dir selbst sanft und liebevoll. Anfangs mag das ungewohnt und merkwürdig wirken, aber es geht dir schnell in Fleisch und Blut über, je länger du es tust. Denke daran, dass Selbstgeißelung noch nie irgendjemanden an ein Ziel gebracht hat und dass es schon zu viele gebrochene Seelen auf der Welt gibt.

19. Beschäftige dich mit Selbst- und Zeitmanagement-Methoden. Teile deine Zeit klug und realistisch ein. Beschränke deine Aufgabenliste, denn weder deine Zeit, noch deine Kraft sind unendlich. Trage dieser Tatsache Rechnung. Schaffe genug Puffer für unvorhergesehene Verzögerungen.

20. Laufe niemals schnell. Nur Dienstboten eilen. Du hast alle Zeit der Welt und kein Termin ist es wert, dich unter Stress zu setzen.

21. Lerne, dich freier zu machen von den Erwartungen und Ansprüchen anderer Menschen.

22. Lerne, dich freier zu machen von den Urteilen und Bewertungen anderer Menschen. Was andere Menschen von dir denken, ist nur dann dein Problem, wenn du ihnen erlaubst, ihre Meinung zu deiner zu machen. Du selbst entscheidest, auf wessen Meinung du in welchem Ausmaß Wert legst. Im Zweifel ist deine eigene Meinung der Maßstab, und sonst nichts.

23. Gib den Dingen nicht zu viel Bedeutung. Wir Menschen sind nur ein Staubkorn im All. Nur wenige Dinge sind wirklich wichtig. Nur wenige Fehler sind wirklich fatal und niemals wiedergutzumachen. Vieles wirft uns aus der Bahn, weil wir aus Gewohnheit, Bequemlichkeit oder Unwissenheit einfach das glauben, was

man uns gelehrt hat oder was wir schon immer geglaubt haben. Wir haben aber jederzeit die Möglichkeit, unsere Sicht der Dinge anzupassen.

24. Gehe Konflikten nicht aus dem Weg, aber führe sie sachlich und klug. Lass dich nicht in die Falle der persönlichen Betroffenheit schubsen! Bleibe integer und deinen Werten treu. Verrätst du deine Werte, zerstörst du dein eigenes Selbstvertrauen und verlierst eine Menge Energie und Stärke. Auch, wenn dein Gegenüber es nicht ist: Du bist fair und mutig, weil es nicht nur einem vielleicht positiven Ausklang des Streites nützt, sondern am Ende auch dir selbst.

25. Genieße alles, was es zu genießen gibt! Gutes Essen, schöne Momente, wertvolle Begegnungen, sinnvolle Gespräche, die Natur, Musik und all die Dinge, die das Leben lebenswert machen! Genieße die Zeit auf Erden in allen Zügen, ohne schlechtes Gewissen! Du kannst sie nicht anhalten, zurückdrehen oder wiederholen! Aber du kannst zärtliche Erinnerun-

gen schaffen, die dir auch in schweren Momenten Kraft und Halt geben.

26. Fürchte deine Ängste nicht. Du kannst sie nicht ausmerzen, indem du dir wünschst, sie würden sich einfach in Luft auflösen. Übe stattdessen einen gelasseneren Umgang mit ihnen:
Wage Dinge trotz der Angst, die du hast. Spüre sie, nimm sie wahr, sage dir, dass es in Ordnung ist, dass sie dich begleitet. Aber lass dich von der Angst nicht abhalten, etwas zu tun, was du tun willst und was dich weiterbringen wird. Du nimmst dir selbst eine große Last von den Schultern, wenn du aufhörst, gegen ungeliebte Ängste anzukämpfen und dich MIT ihnen im Schlepptau auf das besinnst, was dir wichtig ist.
Mut definiert sich nicht durch die Abwesenheit von Angst. Mut definiert sich durch Handeln *trotz* der Angst. Entscheidest du dich dafür, mutig zu sein und ziehst du deine Dinge durch, verleiht dir dies mehr Energie, als du dir vorstellen kannst.

Schlafes Schwester
Was liebst du an dir selbst?
(Collage)

Nutze deine Kleidung!

Farben und ihre Wirkung auf die Psyche

Wusstest du, dass Farben deine Seele beeinflussen? Klar wusstest du das! Du merkst es ja zum Beispiel zu Hause, wenn du dich in Zimmern aufhältst, die du auf eine bestimmte Art gestaltet hast! Du weißt auch, dass Gesellschaft und Politik die Wirkung der Farben für ihre Zwecke nutzen, nicht zuletzt in Form von Werbung, die bestimmte Gefühlen ins uns auslösen und damit Kaufanreize schaffen will. Vielleicht ist dir sogar bewusst, dass selbst beim Essen die Farbe der Nahrung eine Rolle für unser Denken und Fühlen spielt: Es macht etwas mit dir, wenn du in eine grüne Gurke, eine gelbe Paprika oder eine orange Karotte beißt. Und natürlich kennst du dir Signalwirkung schreiend roter Schilder, leuchtender Schrift oder von bestimmten Bildern in verschiedenen Farben, die dich tagtäglich umgeben.

Das alles ist nicht neu. Aber es gibt noch ein i-Tüpfelchen, das du ab sofort für dich nutzen kannst! Farben können nämlich deine Psyche besonders gut beeinflussen, wenn du sie am Körper trägst!

Im Folgenden findest du eine Liste mit den Farben und ihren Wirkungen. Die Liste beschränkt sich dabei auf die positive Wirkung und klammert die negative aus. Das solltest du beim Ankleiden berücksichtigen. Trage also deine Wunschfarbe lieber erst mal dezent und teste die Wirkung, bevor du dich ganz und gar darin einhüllst. Manchmal genügt auch ein einzelnes Accessoire wie ein Halstuch oder Schmuckstück.

ROT

Rot verleiht Stärke, Mut, Energie. Es wirkt auffallend, selbstbewusst und anregend. Es hilft, beim morgendlichen Aufstehen in die Gänge zu kommen und regt den Appetit an.
Trage rot, wenn du mutig, stark und selbstbewusst sein willst. Fühlst du dich erschöpft und müde? Rot schenkt Power und Tatkraft! Auch ein Gegner in Konfliktgesprächen fühlt sich von Rot eingeschüchtert.

ORANGE

Lebensfreude, Wärme, Freundlichkeit: Orange ist eine fröhliche Farbe, die für Vitalität und gute Stimmung sorgt. Bist du deprimiert oder schlecht drauf, ist Orange die richtige Wahl. Sie macht düstere Tage heller und schwerfällige Herzen leichter. Trage Orange, wenn du Aufmunterung brauchst oder eine positive Atmosphäre schaffen willst.

GELB

Die Sonne bringt Optimismus und Glück! Sie unterstützt beim Lernen, stärkt die Nerven und hilft sogar gegen Ängste. Trage Gelb, wenn du schnell gereizt bist oder eine besonders große Portion gute Laune brauchst.

GRÜN

Die Farbe der Natur wirkt beruhigend, regenerierend und entspannend. Nervosität wird gemildert, die Seele bekommt die Gelegenheit, einmal richtig durchzuatmen.
Trage Grün, wenn du dich rastlos und getrieben oder unter starkem Druck fühlst. Auch an Wellnesstagen zu Hause ist die perfekte Farbe für die schlabbrige Jogginghose Grün. Grüne Bettwäsche und Schlafkleidung verbessern deine Schlafqualität. Menschen, die nur schwer abschalten können, finden durch Grün einen Weg in die Entspannung.

BLAU

Die Lieblingsfarbe der Deutschen sorgt für eine ruhige und stabile Gemütslage. Sie wirkt beruhigend und entspannend, aber auch konzentrationsfördernd. Menschen in Blau werden als verlässlich, vertrauensvoll und sachlich wahrgenommen. Nutze diesen Effekt, wenn du deine Seriosität und Kompetenz unterstreichen möchtest. In Blau wirst du dich bei beruflichen Gesprächen oder in heiklen, vielleicht sogar unangenehmen Situationen sicher und geerdet fühlen. Du wirst wissen, wer du bist und was du zu bieten hast. Du wirst gelassen und von großer innerer Kraft erfüllt sein, die dir dabei hilft, deine Ziele zu erreichen.

VIOLETT

Menschen, die violett tragen, stärken ihre Fantasie, Kreativität und Originalität. Diese außergewöhnliche Farbe vereint die gegensätzlichen Wirkungen von Rot und Blau zu etwas ganz Besonderem. Trage Violett in allen Schattierungen, wenn du unter einer geistigen Blockade leidest und dein Schaffensfluss nicht recht in Gang kommen will. Brauchst du Ideen und Visionen? Violett hilft dir dabei!

ROSA

Lieblich und beruhigend fördert Rosa den Abbau von Aggressionen. Es sorgt auf eine unaufdringliche und sanfte Weise für positive Gefühle und wirkt besonders herzlich. Hast du es mit schwierigen Menschen zu tun, die du besänftigen möchtest, ist Rosa das Mittel der Wahl. Willst du selbst in den Genuss liebevoller und zärtlicher Gefühle kommen, hülle dich in ein zartes Altrosa. Keine andere Farbe schafft so viel Zartheit und Innigkeit wie diese.

SCHWARZ

Seriös und elegant kommt es daher, manchmal vielleicht ein bisschen langweilig. Es ist so sachlich und neutral, dass es kaum eine Wirkung haben kann, meinst du?
Doch, die hat es gewiss!
Schwarz schafft Distanz und sorgt für Abstand, auch innerlich! Es wird dir in Konflikten leichter fallen, dich nicht provozieren und beeinflussen zu lassen, wenn du schwarze Kleidung trägst. Du bleibst gelassen, innerlich sicher und eloquent.

WEISS

Schlicht, sauber und leise sorgt Weiß für Klarheit und das Gefühl, (auch geistig) gereinigt zu sein. Es hilft gegen Reizüberflutung und den mentalen Overkill. Wird dir einmal alles zu viel oder kannst du keinen klaren Gedanken fassen, leidest du vielleicht unter Kopfschmerzen oder anderen Beschwerden:
Weiß sorgt im Bett und auf der Haut für Entlastung. Körper, Geist und Seele kommen in weißer Kleidung zur Ruhe.

BRAUN

Zu Unrecht finden viele Menschen Braun auf den ersten Blick hässlich. Aber Braun ist ein warmer, erdverbundener Ton in vielen Facetten, der Geborgenheit in uns auslöst und uns an unsere Verbindung zur Natur erinnert.
Wie Weiß schwächt auch Braun ein Zuviel an Reizen ab und sorgt für ein innerliches Aufatmen.
Trage Braun, wenn dir Erdung und ein fester Stand fehlen. Es bringt dich auf den Boden zurück und verleiht dir eine gewisse seelische Schwere, die verhindert, dass du dich selbst in der schnelllebigen Welt verlierst.

GRAU

Sachlich, professionell und förmlich – nicht zufällig tragen viele Geschäftsleute die Mischung aus den beiden „Nichtfarben". Grau sorgt auch im Kopf für Sachlichkeit. Nutze es, wenn du nicht im Mittelpunkt stehen, aber genau mitkriegen willst, was passiert.

Nutze die Kraft der Farben, wenn du dir morgens vor dem Kleiderschrank die Klamotten für den Tag raussuchst. Tue das nicht abends, denn am Morgen können deine Bedürfnisse ganz andere sein!
Überlege dir, welche Herausforderungen und Aufgaben an diesem Tag auf dich warten und welche Eigenschaften du dafür brauchst.
Kleide dich entsprechend, aber übertreibe es nicht. Du willst ja die Macht der Farben nicht in ihr negatives Gegenteil verkehren!
Probiere ruhig auch einmal aus, welche Farbkombinationen bestimmte Wirkungen verstärken oder abschwächen. Erlaubt ist, was gefällt und worin du dich gut fühlst!

Im All
Wofür brennst du? Was ist dein Leitstern?
(Collage)

Verwöhne deine Haut und deine Seele!

Rezept für reichhaltige Bodybutter

Käuflich erworbene Kosmetik ist nicht immer das Beste, was wir uns angedeihen lassen können! Inzwischen stecken viele dieser Produkte voller schädlicher Stoffe, die weder unseren Körper noch unsere Seele pflegen.

Nun ist es aber ein so tolles Gefühl, sich nach dem Duschen oder Baden einzucremen! Was also tun, wenn die Industrie uns gern mal Gift als hochwertige Inhaltsstoffe unterjubelt und wir auch diesen Plastikwahnsinn mit Dosen, Tuben und Flaschen nicht mehr mitmachen wollen?

Zum Glück ist es total einfach, sich selbst hochwertige und gute Körperpflegeprodukte herzustellen! Die benötigten Materialien sind schnell und einfach im Netz zu bestellen, der Vorgang ist simpel und das Ergebnis meistens vorzeigbar.

Übrigens eignen sich diese Produkte auch wunderbar zum Verschenken!

Du brauchst: (für ca. 350 ml)

- ein leeres, sauberes Glas mit entsprechender Füllmenge
- 30 g Sheabutter
- 30 g Kakaobutter
- 50 g Kokosöl
- 2 EL Mandel-, Argan- oder Jojobaöl
- 10 Tropfen Aromaöl (für Kosmetik geeignet)

Duftöle gibt es sehr viele und sie alle sorgen nicht nur für einen angenehmen Geruch, (je nach persönlicher Vorliebe), sondern sie haben auch eine bestimmte Wirkung auf Körper, Geist und Seele. Die wichtigsten von ihnen findest du im Anhang an die Herstellungsanleitung.

Vorgehen:

1. Sheabutter, Kakaobutter, Kokosöl und Mandelöl vorsichtig im warmen Wasserbad schmelzen lassen. Achte auf eine möglichst geringe Hitze. Ständig rühren.

2. Das Aromaöl dazugeben.

3. Die Masse etwa eine halbe Stunde im Kühlschrank kühlen. Sie soll fest aber nicht hart sein.

4. Das Glas mit heißem Wasser sterilisieren, trocknen lassen.

5. Die Masse mit einem Rührgerät etwa zwei Minuten lang aufschlagen, bis eine lockere Creme entstanden ist.

6. Die Bodybutter in das Glas füllen. Sie ist etwas ein halbes Jahr haltbar, im Kühlschrank sogar noch länger.

Nutze die Macht der Düfte!

Die Wirkung von Aromaölen:

LAVENDEL

Es wirkt beruhigend, krampflösend und gegen Stress. Lavendel sorgt für guten Schlaf und hilft gegen Störungen in diesem Bereich.

BERGAMOTTE

Der frische Duft wirkt belebend und wahre Wunder, wenn man gerade ein seelisches Tief durchschreitet.

ROSMARIN

Es macht wach und fördert die Konzentration, die Kreativität und das Lernvermögen.

PFEFFERMINZ

Dieses Öl ist bekannt für seine außerordentlich gute Heilwirkung gegen Kopfschmerzen.

EUKALYPTUS

Nicht umsonst steckt es oft in Mitteln gegen Erkältung: Es erfrischt und stärkt und ist antibakteriell und entzündungshemmend.

MANDARINE

Das Gute-Laune-Öl hilft gegen Nervosität und inneren Druck. Es sorgt für Entspannung und Aufmunterung.

TEEBAUM

Entzündungen und Juckreiz, gleich welcher Ursache, haben keine Chance mehr! Es hilft sogar gegen Insektenstiche.

ORANGE

Orange wirkt ausgleichend und fördert gute Stimmung, Optimismus und Lebenslust.

ZITRONE und GRAPEFRUIT

Wie alle Zitrusdüfte wirken auch diese belebend und aufbauend. Sie sorgen für seelisches Wohlbefinden und helfen dabei, das Energielevel zu heben. Sie vertreiben Müdigkeit und Trübsinn.

MAI CHANG

Das Öl wird auch LITSEA CUBEBA genannt. Es riecht exotisch und fruchtig und hilft bei Hektik und Stress, bei sich selbst zu bleiben.

ROSE

Rose öffnet das Herz und hilft, Emotionen zuzulassen. Es macht weich und warmherzig, sinnlich und offen für Gefühle. Innerliche Erstarrungen werden gelöst. Alte Wunden erfahren Heilung.

Triff eine Auswahl!

Welches Duftöl ist geeignet für deine Bodybutter? Welches brauchst du im Moment am ehesten?

Es gibt noch eine Menge anderer Öle! Wenn das Thema dich interessiert, findest du im Internet zahlreiche Seiten, die dich darüber informieren und dir noch weitere Duftsorten vorstellen.

Denke bitte daran, dass du nur hochwertige Öle von guter Qualität kaufst! Minderwertige Qualität oder Chemie möchtest du gewiss nicht auf deiner Haut haben!

Du bekommst die Öle bei einigen Herstellern im Internet oder in der Apotheke.

Bewahre die Öle kindersicher auf.

Nimm sie nicht innerlich zu dir.

Wende sie nur verdünnt an.

Beachte Gegenanzeigen: Leidest du unter chronischen oder akuten Krankheiten, befrage erst deinen Arzt, ob du die Öle nutzen darfst. In der Schwangerschaft, bei Epilepsie oder Bluthochdruck ist auch Rücksprache mit dem Arzt nötig.

Aromaöle kannst du nicht nur in der Bodybutter verarbeiten. Du kannst sie auch in einer Duftschale nutzen oder auf ein kleines Kräuterkissen träufeln.

Schneekönigin
Was verbirgst du in deinen versteckten Gefilden?
(Collage)

Gönne dir ein Verwöhnprogramm!

Heute ist dein Wellnesstag

Such dir einen Tag aus, an dem du frei hast und ungestört für dich sein kannst. Selbstverständlich lässt sich der Wellnesstag auch mit deinem Partner oder einer Freundin umsetzen.

1. Schlafe aus und stehe erst dann auf, wenn du einen Kaffee im Bett genossen hast und dich fit fühlst.

2. Genieße ein gesundes Frühstück mit Dingen, auf die du Lust hast.

3. Der Fernseher bleibt heute aus. Telefon und Handy haben Ruhepause.

4. Unternimm einen Spaziergang, vielleicht in einer Gegend, in der du noch nie warst. Oder in einer, die dir besonders vertraut ist? Nimm bewusst und mit allen Sinnen die Natur um dich herum wahr. Atme tief und langsam. Fühle den Boden unter deinen Füßen und den Himmel über dir.

5. Koche dir etwas Schönes, vielleicht etwas Exotisches oder Neues. Lass dir Zeit, etwas auszuprobieren. Zelebriere deine Mahlzeit mit Muße und Lust. Decke den Tisch liebevoll. Mache nur für dich, was du es sonst deinen Gästen gönnst. Es darf das gute Geschirr sein und eine Serviette gehört auch dazu.

6. Nach dem Essen ist es Zeit für ein Nickerchen oder ein bisschen Lektüre auf dem Sofa.

7. Wenn du dich wach fühlst und Lust hast, widme einer geliebten Tätigkeit ein paar Stunden. Nimm dir Zeit für etwas, was im Alltag immer zu kurz kommt und vielleicht nicht mal einem Zweck dient. Es sollte entspannend oder kreativ sein.

8. Am frühen Abend ist ausgiebige Körperpflege dran. Kümmere dich um Haut und Haar. Hab Freude an Wasser und Wärme. Tue, was immer du mit Schönheit und Pflege verbindest. Eine Gesichtsmaske? Eine Selbstmassage? Chillige Musik dabei? Ein Wannenbad mit duftendem Schaum oder eine spritzige Wechseldu-

sche? Danke deinem Körper bei dieser Gelegenheit für alles, was er für dich tut. Erkenne an, welches Meisterwerk dich da durchs Leben bringt und mit welcher Hingabe er das unermüdlich tut.

9. Nach einem leichten Abendessen steht ein heißer Tee auf dem Programm. Vielleicht die Hollywoodschaukel im Garten, von wo aus du die Vögel beobachten kannst? Komme zu dir selbst, wo und wie du willst. Tu einfach mal gar nichts. Nur Teetrinken und Schauen und Schweigen.

Du kannst deinen Wellnesstag beliebig erweitern und ändern, wie es dir in den Sinn kommt.

Wichtig ist, dass du alle Dinge an diesem Tag langsam, achtsam und bewusst tust.

Und dass du deinen Wellnesstag regelmäßig wiederholst! Trage die Termine in deinen Kalender ein und nimm sie genauso ernst, wie die anderen beruflichen und privaten Termine, die du hast.

<u>Vermeide an diesen Tagen unbedingt:</u>

- Hektik, Stress, Druck
- Lärm
- Konflikte / Streit
- Soziale Netzwerke / Medien
- Leistung bringen (welcher Art auch immer)
- dich stören oder ablenken lassen
- in Aktionismus verfallen, weil das Nichtstun sich erst mal unangenehm anfühlt und ungewohnt ist oder ein schlechtes Gewissen verursacht
- den Wellnesstag zugunsten anderer Verpflichtungen canceln

In aller Fülle
Was stärkt und erdet dich?
(Collage)

Liebevolle Gedanken

Von deinem Umgang mit dir

Sei freundlich zu dir.
    Höre dir zu, wie du einem guten Freund zuhören würdest. Schenke dir Trost und Mut.

Sorge gut für dich.
    Gib deinem Körper gute Nahrung, genug Schlaf und die Möglichkeit der Erholung.

Sei achtsam.
    Gönne deinem Geist Anregung und Entspannung in gleichem Maße.
    Lass ihn Neues entdecken.

Sei mitfühlend.
    Erlaube dir Fehler und Gefühle aller Art. Gestatte dir, immer und jederzeit ganz zu sein.

Schaffe Verbindungen.
    Lebe im Einklang mit der Natur und den Menschen um dich herum.

Folge deinem Ruf.

Lebe erfüllend im Sinn all dessen, was du gut kannst und gern tust.

Pass auf dich auf.
Verteidige deine Grenzen.
Achte auf deine Bedürfnisse.
Teile sie deinem Umfeld mit. Bestehe auf ihre Erfüllung.

Nimm dich an, wie du bist.
Lebe deine ureigene Art aus. Verwirkliche deine Träume. Gestalte dein Leben so, wie es für dich richtig ist.

Bewahre, was dir wertvoll ist.

Blicke mit einem Lächeln auf Erreichtes zurück.

Blicke mit einer Träne auf Verlorenes zurück.

Blicke mit einem inneren Ja auf das, was noch kommt.

Sei von Stolz, Würde und Stärke erfüllt – du hast es dir verdient.

Verwöhne dich.

Achte und ehre dich.

Liebe dich ohne jede Ausnahme.

    Liebe dich immer und überall.
    Liebe dich.

Jetzt.

Das Meer in uns
Was würdest du tun, wenn alles möglich wäre?
(Collage)

Wie du dir deine Zeit zurückeroberst

Ideen, um Zeit zu verschwenden

Zeit, in der du etwas Zweckfreies ohne jedes Ziel tust, ist Zeit, die nur dir gehört! Sie hilft dir dabei, zu entschleunigen und den Wert deiner eigenen Zeit in unserer schnelllebigen Welt neu festzulegen. Sie sorgt dafür, dass deine Seele zur Ruhe kommt und dein Geist sich wieder fokussieren kann. Fernab von jeglichem Druck oder der Verantwortung, eine bestimmte Leistung zu bringen, darfst du eine Weile einfach nur sein und die Welt um dich herum genießen.

1. Gestalte ein Mandala aus Naturmaterialien wie Blätter, Eicheln, Kastanien, Zweige oder Blüten. Wenn du magst, fotografiere es zur Erinnerung. Lass es für die liegen, die nach dir kommen.

2. Baue eine Sandburg. Verziere sie sorgfältig mit Steinen oder Muscheln. Hat sie ein Tor? Fenster? Einen Wassergraben? Eine Mauer oder einen Zaun? Lass sie stehen, wenn du gehst.

3. Spiele! Spielen dient nur dem Selbstzweck und ist daher wunderbar geeignet, um sich innerlich von Erwartungen und Anspannungen freizumachen. Spiele etwas allein oder mit anderen Menschen gemeinsam. Spiele, worauf auch immer du Lust hast! Auch PC-Spiele sind ausdrücklich erlaubt, wenn sie dir Freude machen!

4. Schnappe dir ein paar Bunt-, Filz- oder Wachsstifte und male drauflos, ohne dir vorher ein Konzept oder ein Motiv zu überlegen. Male, wie ein Kind es tun würde und halte das fest, was dir in den Sinn kommt. Male, was du siehst oder was du fühlst. Es geht nicht um das Ergebnis oder große Kunst, sondern nur um das Erlebnis selbst.

5. Poliere ein paar Schuhe auf Hochglanz. Rieche die Schuhcreme, arbeite mit sorgfältigen, langsamen Bewegungen. Vergiss keine Stelle und erfreue dich danach an den pieksauberen Tretern.

6. Hast du früher auch mit einem Kugelschreiber die Gesichter in Zeitschriften

mit Fratzen verziert? Es ist mal wieder an der Zeit, Promis und Models mit Brillen, Bärten und Zahnlücken aufzuhübschen. Hab Spaß dabei! Lache herzhaft!

7. Höre dein gegenwärtiges Lieblingslied zehnmal hintereinander. Tauche ganz hinein in die Klänge und beobachte, welche Bilder in deinem Kopf aufsteigen. Was denkst du? Was fühlst du? Gib dich der Musik, die dich so berührt, hin.

8. Schäle eine Pomelo. Du wirst eine ganze Weile dafür brauchen, aber es wird dir Freude bereiten. Achte auf den angenehm leichten Zitrusduft, der dir in die Nase steigt. Nasche zwischendurch. Das geernte Fruchtfleisch kannst du für Obstsalat oder Kuchen verwenden.

9. Bastle eine Kette, indem du getrocknete Perlen auf einen Faden fädelst. Die Beeren hast du natürlich vorher während eines ausgiebigen Spaziergangs vom Strauch gesammelt.

10. Höre dir im Internet verschiedene Vogelstimmen an. Ist es nicht erstaunlich, wie

viele es gibt und wie unterschiedlich sie klingen? Vergiss nicht den Lachenden Hans!

11. Dichte auf einen bekannten Song, den du gern magst, einen neuen Text. Er muss nicht besonders gut werden oder wahnsinnig viel Sinn ergeben.

12. Hast du vielleicht noch eine Knopfsammlung? Von Mama oder Oma? Du kannst sie wunderbar sortieren, nach Farben oder Formen, nach Anzahl der Löcher oder Größe. Diese Tätigkeit ist unfassbar sinnlos und unglaublich meditativ. Du kannst natürlich auch jede andere Art von kleinen Dingen sortieren.

13. Lass dir selbst ein paar Tätigkeiten einfallen, die niemandem irgendetwas bringen, sondern einzig und allein dazu dienen, getan zu werden. Überlege dir, welche Dinge dir zu Ruhe verhelfen und es dir ermöglichen, du selbst zu sein, ohne etwas darstellen oder leisten zu müssen. Und dann tue sie langsam und bewusst, denn du hast alle Zeit der Welt!

Das Schöne
Was berührt dich?
(Collage)

Liebevolle Gedanken

Erlaube dir...

Erlaube dir, Fehler zu machen.

Ohne Fehler würden wir nicht lernen und uns nicht entwickeln. Niemand ist immer und in jeder Situation perfekt. Jeder, der das von sich glaubt oder behauptet, ist ein Idiot.

Erlaube dir, fremde Themen als deine abzulehnen.

Du selbst entscheidest, was deine Angelegenheiten sind und was nicht. Manchmal versuchen Menschen, uns gnadenlos ihre eigenen Verantwortungen oder Aufgaben unterzujubeln. Wehre dich dagegen! Jeder muss sich um seinen eigenen Kram kümmern. Man darf helfen – aber man kann nicht dazu gezwungen werden.

Erlaube dir, schwach zu sein.

Schwäche einzugestehen erfordert viel Mut. Sie dann und wann zu empfinden, ist überhaupt nicht schlimm. Es sind alte und verwirrte Glaubenssätze, die uns weismachen wollen, für Schwäche müsse man sich schämen. Jedes Ding hat seine zwei Seiten und ohne Schwäche gäbe es auch keine Stärke. Wir alle haben beides in uns und beides darf friedlich miteinander existieren. Selbst der größte Krieger muss sich zwischen den Schlachten ausruhen dürfen. Im Übrigen kannst du immer um Rat und Hilfe bitten, wenn du in einer Sackgasse steckst.

Erlaube dir, nicht alles wissen und nicht alles können zu müssen.

Du sollst für jedes Problem eine Lösung haben? Dir jeden Kummer anhören, jeden Stein aus dem Weg räumen, jede Gesellschaft mit deiner Stimmung erhellen? Eine wahnwitzige Vorstellung! Unsere Lernfähigkeit, Geduld und Aufopferungsbereitschaft haben natürliche Grenzen. Es ist klug, sich an diesen Grenzen zu orientieren und sich selbst nichts abzuverlangen, was schlicht nicht umsetzbar ist. Wenn du mal keine Antwort auf eine Frage hast, sag es einfach. Es wird Menschen imponieren, dass du – im Gegensatz zu vielen anderen, die gern den großen Zampano spielen – deine Kompetenzen und dein Wissen realistisch einschätzt. Sie selbst sind nämlich ebenfalls nicht allwissend und werden vielleicht sogar dankbar dafür sein, dass einer es wagt, die große Lüge der Gesellschaft infrage zu stellen.

Erlaube dir, Entscheidungen zu treffen.

Manchmal bist du unsicher. Du denkst, du weißt noch nicht genug oder du musst dich zwischen zwei guten oder zwei schlechten Möglichkeiten entscheiden. Manchmal kannst du mehreren Optionen gleichermaßen Vor- und Nachteile abgewinnen und dann traust du dich nicht, dich auf eine der zur Verfügung stehenden Richtungen festzulegen.

Triff die Entscheidung trotzdem! Meistens sind die Folgen weniger schlimm als befürchtet, wenn sie sich als nicht optimal herausstellt. Manchmal ist es die bestmögliche unter den gegebenen Umständen. Und die Idee, es gäbe eine perfekte Entscheidung, ist sowieso eine Illusion. Beziehe deine Vernunft und dein Bauchgefühl mit ein und dann setze herzhaft dein Kreuz!

Vergiss nicht: *Keine* Entscheidung zu treffen ist auch eine Entscheidung. Meistens treffen die dann andere für dich!

Erlaube dir, zu sündigen!

Üppiges Essen, Süßigkeiten, ein Wochenende auf dem Sofa? Eine Verabredung absagen, weil du dich erschöpft fühlst? Auch noch das zweite Stück Kuchen essen, weil es dich so happy macht? Kohlenhydrate in rauen Mengen bei dem neuen Italiener bestellen?
Wenn du ansonsten achtsam mit dir und dem Leben umgehst, darfst du von Zeit zu Zeit hemmungslos über die Stränge schlagen! Wenn man sich alle verbotenen, unmoralischen oder unschicklichen Dinge ständig verbietet, wird der Hunger danach grenzenlos und falls dann der Damm bricht, häufen sich die „Sünden" zu einem gewaltigen Berg auf.
Beuge dem vor, indem du auch mal Fünf gerade sein lässt. Dabei solltest du deine Sünde unbedingt ohne jedes schlechte Gewissen genießen!

Erlaube dir, manchmal aufzugeben.

Die Gesellschaft lehrt uns, dass man Biss und Durchhaltevermögen braucht, um im Leben zu bestehen. Will man erfolgreich sein, schafft man das nur, indem man allen Umständen zum Trotz an seinen Zielen dranbleibt und sie bis zum letzten Atemzug standhaft verfolgt. Jeder, der das nicht tut, ist ein Schlaffi und ein Loser!

Wirklich? Ist es nicht vielmehr so, dass kluge Geister von toten Pferden absteigen, anstatt sie bis hinab in die Hölle zu reiten?

Dinge, Ziele oder Menschen aufzugeben, die dir schaden oder zum Scheitern verurteilt sind, ist ein Zeichen von Charakterstärke und Mut!

Wenn dein Projekt nur noch Energie kostet, aber mit Sicherheit nichts Positives mehr einbringen wird, dann lass es los! Wenn ein Mensch dir ständig wehtut, auf welche Weise auch immer, dann verbanne ihn aus deinem Leben und lass ihn los! Wenn ein Job dich krank macht, dann orientiere dich neu und lass ihn los! Wenn ein Ziel aufgrund der Umstände nicht (mehr) umsetzbar ist, dann suche dir neue Ziele und lass dieses los!

Vergiss Konventionen und die Ansprüche deines Umfelds! Du wirst dich befreit und erleichtert fühlen, wenn du den Rat, immer an allem festzuhalten, ab und an in den Wind schlägst und die Dinge auf deine Weise veränderst.

Dann hast du den Kopf und die Hände frei für Neues, das dir mehr zu geben vermag!

Erlaube dir, stark zu sein.

Es klingt eigenartig, aber viele Menschen dümpeln in zu viel Bescheidenheit vor sich hin, weil sie einmal gelernt haben, dass nur Angeber ihre eigene Leistung herausheben. Sie stellen ihr Licht unter den Scheffel und schweigen, wenn Erfolge präsentiert werden. Sie dimmen ihre eigene Leuchtkraft, denn sie fürchten, schlecht anzukommen, weil sie allzu hell leuchten.
Das ist blanker Unsinn! Du darfst all deine Fähigkeiten, die du im Leben mitbekommen hast, entfalten und nutzen! Du darfst das, was du erreicht hast, klar und deutlich kommunizieren! Manchmal werden dir Neid, Unmut oder anderweitige negative Reaktionen begegnen, weil noch nicht alle Menschen begriffen haben, dass es allen dient, wenn jeder weiß, was er ist und was er kann. Ignoriere diese Reaktionen und konzentriere dich auf dich selbst! Sei stolz auf das, was du leistest. Trage es hinaus in die Welt und glänze mit deiner Einzigartigkeit! Gib, was du zu geben hast und sprich darüber!
Angeber sind Menschen mit kümmerlichem Selbstbewusstsein und panischer Angst, jemand könnte erkennen, wie mickrig und armselig sie sich insgeheim fühlen. Zu denen gehörst du ganz

bestimmt nicht, wenn du es wagst, ins Licht hinauszutreten und deine Stimme zu erheben.

Erlaube dir, zu lieben.

Liebe – die Verbundenheit zu anderen Wesen – ist die Quintessenz unseres Lebens.
Ja, wenn man liebt, besteht die Gefahr, verletzt zu werden. Liebe trotzdem mit deiner ganzen Leidenschaft und Persönlichkeit! Liebe besonnen und gleichermaßen leidenschaftlich!
Achte dabei immer darauf, dass kein Ungleichgewicht entsteht. Kümmere dich um deine Bedürfnisse und Grenzen, denn die sind die Marker für Ungleichgewicht in Beziehungen. Aber verstecke deine Liebe nicht und dränge sie nicht gewaltsam aus deinem Herzen heraus. Liebe mit allen Sinnen, liebe, als gäbe es kein Morgen, liebe mit allem, was du bist und was du hast! Gib und empfange Liebe auf allen Kanälen!
Wozu, denkst du, sind wir sonst hier?

Erlaube dir, eine Meinung zu haben.

Ja, auch, wenn sie unpopulär ist! Deine Werte, deine Urteile und deine Maßstäbe sind deine Leuchtsterne in deinem Universum. Sie entsprechen deinem ureigenen Charakter und der Prä-

gung, die dich bisher durchs Leben getragen hat. Du kannst und sollst sie ständig erweitern, überdenken, wenn nötig, anpassen. Aber du sollst sie nie verbergen oder dich dafür schämen. Wenn du merkst, dass sie dich eigentlich behindern oder dir selbst sogar schaden, dann gestatte dir den flexiblen Prozess, sie zu verändern. Wenn sie anderen Menschen schaden, ist es auch an der Zeit, sie zu überdenken. Bilde dich, informiere dich, betrachte die Argumente von allen Seiten. Und dann bilde dir eine Meinung!
Zu manchen Dingen wirst du vielleicht keine haben oder hin und her gerissen sein, was auch in Ordnung ist. Aber wenn du eine hast, dann trage sie nach außen und verteidige sie, wenn es nötig ist. Sachlich und freundlich, klar und bestimmt. Andere Menschen dürfen die Dinge gern anders bewerten. Aber deine Meinung verbieten oder diffamieren – das dürfen sie nicht.

Erlaube dir, egoistisch zu sein.

Ja, es ist edler, sich immer für alle anderen aufzuopfern. Vielleicht erntet man dafür ein Schulterklopfen oder ein lapidares Dankeschön, meistens aber nicht! Und wenn du das auf Dauer tust, sind deine Ressourcen irgendwann erschöpft, vielleicht wirst du sogar krank. Wem ist dann geholfen? Viel besser wäre es, du würdest dich gleichermaßen um dich selbst kümmern, wie du dich um deine Mitmenschen kümmerst. Nur, wenn du selbst in Balance, gesund und zufrieden bist, hast du genug Kraft zur Verfügung, um andere Menschen zu stützen und ihnen zu helfen.

Dieser Egoismus ist nicht schlecht! Er ist die Voraussetzung, um eine Stütze für die Gesellschaft zu sein. Wenn deine eigenen Bedürfnisse nicht erfüllt sind, (und niemand sich darum kümmert, dies zu ändern), dann gibt es bald nichts mehr, was du geben kannst, weil alles aufgebraucht ist. Dann wirst du vielleicht sogar zu einer Belastung! Lege auf einem kenternden Schiff erst selbst deine Rettungsweste an – danach kannst du dich um die Westen deiner Mitmenschen kümmern! Du willst doch nicht vorher ertrinken, oder?

Erlaube dir, zu helfen.

Mitgefühl und Unterstützung – immer im Rahmen des Leistbaren – geben ein gutes Gefühl und sorgen dafür, dass unsere Gesellschaft freundlicher, liebevoller und fairer wird.

Jeder kann seinen kleinen Teil dazu beitragen, die Welt ein wenig heller und offener zu machen.

Manchmal reicht schon ein freundliches Wort oder ein Lächeln. Das Angebot, zu helfen. Unterstützung, um die wenig Aufheben gemacht wird. Eine gute Tat, eine selbstlose Aktion. Kleine Dinge werden groß, wenn sie sich aufsummieren.
Du musst ein bisschen aufpassen, denn die Gefahr, ausgenutzt und ausgebeutet zu werden, lauert immer im Hintergrund. Hierbei wird dir aber dein Bauchgefühl den richtigen Weg weisen. Es gibt viele Menschen, Menschengruppen oder Bereiche des täglichen Lebens, für die du tätig werden kannst. Vielleicht liegen dir auch Tiere oder die Natur am Herzen?
Tue Gutes! Deine Seele wird es dir danken!

Erlaube dir deine schlechten Eigenschaften.

Wer von uns ist gern kratzbürstig, stur, aufbrausend, ungeduldig, faul, langweilig, bequem? Die Liste an unangenehmen Charakterzügen ist lang und von unserer eigenen würden wir vermutlich gern das ein oder andere streichen.
Zum Glück geht das nicht! Wie würde eine Welt aussehen, in der alle Menschen rundum perfekt wären? Nur noch positive Eigenschaften hätten? Sie wäre öde, trist und unglaublich eindimensional! Sie hätte auch keine Bedeutung mehr, weil

das Gute ohne das Schlechte im Kontrast überhaupt nicht existieren könnte.

Alle deine Eigenschaften machen dich zu dem Menschen, der du bist. Du wirst geliebt und geschätzt, wie du bist! Würde plötzlich deine halbe Persönlichkeit fehlen, wäre das doch eine sehr traurige Entwicklung. Du würdest stillstehen und überhaupt nicht mehr wachsen.

Manchmal machen gerade die Macken jemanden besonders liebenswert oder besonders eigen. Zudem steht es dir ja frei, Eigenschaften, die dich wirklich nerven oder dir im Weg stehen, etwas abzuschleifen und anzupassen. Und du kannst selbst entscheiden, wie stark deine Marotten dich und deinen Alltag beeinflussen. Ein Aufbrausender kann lernen, seine Energie zu zügeln. Ein Melancholiker kann lernen, das Positive wahrzunehmen. Ein Fauler kann Bestleistung vollbringen, wenn er sich aufrafft und anstrengt und ein Ungeduldiger kann warten, wenn sein Ziel es erfordert.

Nun könntest du natürlich all deine schlechten Eigenschaften zwar grummelnd hinnehmen, weil du musst, aber versuchen, sie vor anderen zu verbergen. Auch das ist keine gute Idee, denn ein solches Unterfangen gelingt nur selten und wenn, dann nur für eine kurze Zeit. Menschen haben ein untrügliches Gespür für Fassaden, sie würden dir misstrauisch und abweisend begegnen, wenn du ihnen ein Schauspiel vorspielst. Außerdem kostet ein solches Schauspiel unglaublich viele Energien, die du besser anders nutzen kannst.

Du bist, wie du bist. Was du daraus machst, ist eine andere Frage.

Erlaube dir negative Gefühle.

Wer will schon ärgerlich, ängstlich, frustriert, wütend oder traurig sein? Wer will Scham und Schuld in ihrer vollen Breitseite abkriegen? Wer will es mit dieser Urgewalt freiwillig aufnehmen, die in Form von Gefühlen über uns hereinbrechen kann? Ist es nicht viel angenehmer, den Gefühlen, die du nicht gern spürst, aus dem Weg zu gehen?

Auf den ersten Blick vielleicht. Aber schon der zweite Blick verrät, dass positive Gefühle überhaupt nicht mehr ins Gewicht fallen würden, wenn sie die negativen nicht als Kontrast und Ergänzung zur Ganzheit neben sich hätten. Die Alternative wären dann, gar keine Gefühle mehr zu haben. Auch blöd, oder?

Gefühle, die verdrängt werden, verschwinden nicht. Sie gären weiter im Unbewussten vor sich hin, wo sie nicht mehr zu greifen und vor allem nicht zu heilen sind.

Du darfst und sollst sie empfinden! Mach dir klar, dass es nur Gefühle sind. Sie sind eine zeitweilige Empfindung, die nachlässt und verschwindet. Sie sind nicht du! Sie überdauern dich nicht und sie wachsen niemals zu einem Berg an, der unmöglich zu überqueren ist.

Es ist gesund, alle Gefühle, die auftauchen, bewusst zu spüren. Sie nicht wegzuschieben, aber auch nicht festzuhalten. Heiße sie für eine Weile wie einen Gast willkommen, behandle sie freundlich und respektvoll. Sie werden sich bald wieder von selbst verabschieden und dich nicht ewig quälen.

Fast immer zeigen sie dir Baustellen im Leben an, an denen du arbeiten kannst. Wunden, die versorgt werden wollen. Erinnerungen, die loszulassen sind. Zustände, die geändert werden können. Einstellungen, die angepasst werden dürfen. Sei dankbar dafür, dass du sie als Indikator für dein Wohlbefinden nutzen kannst!

Du darfst und sollst Gefühle nicht nur empfinden, sondern du darfst und sollst sie auch zeigen. Das Leben hat uns eine Fülle an Reaktionen auf Gefühle mitgegeben, die alle ihren Platz beanspruchen dürfen, wenn sie angebracht sind.

Tobe, wenn du zornig bist.

Weine, wenn du traurig oder überfordert bist.
Lass deine Gefühle zu und handle trotzdem.
Fühle, was in dir ist. Finde heraus, was deine Seele dir sagen will und was sie sich von dir wünscht. Oft genügt dies und deine polternden Gäste mit den schlechten Manieren machen sich wieder von allein auf den Heimweg.

Erlaube dir, etwas auszuprobieren.

Du hast Lust, etwas zu machen, was du noch nie gemacht hast? Nur zu!
Es ist egal, wie das Ergebnis wird! Es ist egal, was dein Umfeld von dir denkt! Es ist egal, um welche neue Tätigkeit es sich handelt und ob du nachher dabeibleibst oder sie wieder aufgibst!
Deine Seele ist glücklich, wenn sie sich ausprobieren und etwas Neues lernen darf. Sie wird jede Lektion begierig aufsaugen. Und im Zuge dessen lernst du dich selbst immer besser kennen.

Wachsen
Wer bist du ohne alle Menschen um dich herum?
(Collage)

Kosmetik für ein gutes Gefühl

Rezept für festes Parfüm

Zu unserem Leidwesen befinden sich die Düfte, die wir gern tragen, oft in großen Flakons. Sie sind unhandlich und teuer und nicht für jedes Parfüm gibt es eine Version für die Handtasche oder den Kulturbeutel.
Möchtest du den Duft, der deine Persönlichkeit unterstreicht, immer bei dir tragen? Zwischendurch erneut auftragen können, wenn ein wichtiger Termin ansteht? Ihn jederzeit tröstlich und stärkend in der Nase haben?

Dann stelle dir aus deinem Lieblingsduft ein festes Parfüm her, das du jederzeit überallhin mitnehmen kannst.

Du brauchst für eine Portion (ca. 40ml)

- ein Pillendöschen mit entsprechender Füllmenge, steril gereinigt
- 20 g Sheabutter
- 10 g Kakaobutter
- 8 g Bienenwachs
- etwa eine Parfümprobenmenge deines Lieblingsparfüms

Vorgehen:

1. Erwärme alle Zutaten bis auf das Parfüm in einem Wasserbad. Unter Umständen kann es eine Weile dauern, bis vor allem das Bienenwachs geschmolzen ist.

2. Rühre regelmäßig um.

3. Nimm die Mischung vom Herd und gib das Parfüm dazu. Rühre es sorgfältig ein.

4. Gib die flüssige Masse in dein Pillendöschen. Lass sie im Kühlschrank auskühlen.

Der Extraschub Energie durchs Naschen

Rezept für leckere Energiekugeln

Du brauchst:

10 Datteln
150 g Mandeln
1 EL Leinsamen
1 EL Kakaopulver
1 EL Mandelmus

1. Die Mandeln in der Küchenmaschine mahlen.
2. Leinsamen dazugeben, schreddern.
3. Nach und nach die Mandeln dazugeben und so lange schreddern, bis keine Stückchen mehr übrig sind.
4. Die übrigen Zutaten dazugeben und alles gut vermischen.
5. Aus der Masse kleine Bällchen formen und kühlen.

Die Bällchen eignen sich als gesunder Snack für zwischendurch und helfen an langen Tagen, die Energiespeicher zwischendurch wieder aufzufüllen. Sie enthalten nur die natürliche Süße der Datteln. Die kleinen Powerkugeln sind gut für

Körper und Seele, weshalb du ohne schlechtes Gewissen beherzt zugreifen darfst. Auch in der Pausenbrotdose machen sie eine gute Figur.

Datteln bringen neben Ballaststoffen, Kalium und Magnesium auch Vitamine A, B1, B2, B3, B5, B6, B7 und B9 mit. Sie wirken antioxidativ und entzündungshemmend. Ihre Liste der positiven Eigenschaften ist lang: Sie steigern die Energie, sorgen für Glücksgefühle, dämpfen den Heißhunger. Sie beeinflussen Stoffwechsel und das Herzkreislaufsystem und sorgen für guten Schlaf.

Mandeln haben gesunde Fettsäuren im Gepäck. Außerdem verfügen sie über die Vitamine B und E sowie Magnesium und Calcium. Sie stärken die Knochen, senken Cholesterinspiegel und Blutdruck und wirken förderlich auf das Immunsystem ein.

Leinsamen sind das Powerfood schlechthin: Mit ihren hochwertigen Omege-3-Fettsäuren, Ballaststoffen und Schleimstoffen schützen sie das Verdauungssystem und den Stoffwechsel. Sie stärken die Immunabwehr. Sie sind voller Eiweiß, Magnesium, Eisen, Zink, Vitamin B1, B6 und E.

Lerne dich selbst besser kennen!

Wünsche – Träume – Sehnsüchte

Im Folgenden findest du ein paar Listen, die du erstellen kannst, um dich selbst ein bisschen besser kennenzulernen. Du kannst so hinter den Schleier deiner wahren Bedürfnisse blicken und kommst vielleicht einigen Geheimnissen auf die Spur, die dich verwundern werden.

Du solltest auf alle Fragen wenigstens zehn Antworten finden. Gelingt es dir?

O Was wolltest du als Kind werden und warum?

O Wie würdest du dein Leben gestalten, wenn du finanziell völlig frei wärst?

O Wie würdest du dein Leben gestalten, wenn andere Menschen keinerlei Urteile oder Bewertungen mehr über dich abgeben würden?

O Bei welchen Tätigkeiten bist du so versunken, dass du völlig die Zeit vergisst?

O Was sind deine schönsten Erlebnisse? Was war an ihnen besonders?

O Welche einzigartigen Talente, Macken und Angewohnheiten hast du, an denen man dich sofort erkennt?

O Was ist das Schönste, das jemals jemand zu dir gesagt hat?

O Was ist das Schönste, das jemals jemand für dich getan hat?

O Was ist das Schönste, das du jemals zu jemandem gesagt hast?

O Was ist das Schönste, das du jemals für jemanden getan hast?

O Welche Erfolge hast du im Leben bisher erreicht? Vergiss bitte auch nicht die kleinen, die selbstverständlich erscheinen!

O Wofür bist du dankbar im Leben? Vergiss bitte nicht die Kleinigkeiten, die selbstverständlich erscheinen!

Welche Antworten hast du gefunden? Was kannst du aus den Erkenntnissen hier und jetzt für dein Leben nutzen?

Sisyphos
Welche Lasten trägst du mit dir herum?
(Collage)

Tue dir Gutes!

Maßnahmen zur Entspannung / Erholung

Bist du müde und schlapp und brauchst dringend eine Auszeit, weißt aber nicht genau, wie du es schaffst, zur Ruhe zu kommen? Wollen die Gedanken in deinem Kopf einfach nicht aufhören zu kreisen? Findest du schwer in den Schlaf?

Es gibt eine Reihe an möglichen SOS-Sofort-Maßnahmen, die du sofort umsetzen kannst.

YOGA

Es gibt bestimmte Yoga-Übungen, die besonders der Regeneration dienen. Sie sind leicht zu erlernen und einfach durchzuführen. Suche dir im Internet eine passende Anleitung dafür und leg einfach los.

>>> Das Krokodil
>>> Totenstellung
>>> Das Kind

4-7-8-ATMUNG

Bei Stress atmen wir nur noch flach und nicht mehr in den Bauch hinein. Über die Atmung lässt sich die Aufregung des Körpers regulieren und du wirst schnell ruhiger werden.

Atme vier Sekunden lang durch die Nase ein. Halte die Luft sieben Sekunden lang an. Atme acht Sekunden lang langsam durch den Mund wieder aus. Beginne den Zyklus von vorn. Atme so lang, bis du deutlich ruhiger geworden bist.

KERZENMEDITATION

Konzentriere dich in einer ruhigen und dunklen Umgebung ausschließlich auf das flackernde Licht einer Kerze. Lass die Gedanken kommen und gehen. Zwinge dich nicht, nichts zu denken und folge den Gedanken nicht. Sie dürfen da sein, aber sie wollen nicht zu Ende gedacht werden. Komme mit deiner Aufmerksamkeit immer wieder auf die Kerze zurück.
Wie ist ihre Farbe? Strahlt sie Wärme ab? Was macht ein Luftzug mit ihr?
Recke und strecke dich nach einigen Minuten.

FUSSBAD

Tauche deine Füße in ein Gefäß mit angenehm temperiertem Wasser. Du kannst auch ein Duftöl deiner Wahl hinzugeben. Lehne dich zurück, schließe die Augen. Lasse deine Füße die Wärme spüren. Verpacke sie nach dem Abtrocknen in dicken Socken.

SCHLAF

Manchmal hilft überhaupt nichts – da brauchen wir einfach Schlaf. Gehe an solchen Tagen so früh wie möglich ins Bett oder gönne dir ein Nickerchen zwischendurch. Das Nickerchen darf aber nicht länger als 20 Minuten dauern, sonst kommst du nur schwer wieder hoch. Stelle dir einen Wecker. Wenn du nicht schlafen kannst, lege dich trotzdem hin und hänge deinen Gedanken nach. Jede Art von körperlicher Ruhe in einer reizarmen Umgebung hilft, deine Speicher wieder aufzufüllen.

BERÜHRUNGEN

Kuscheln mit einem Tier oder einem lieben Menschen kippt eine Wagenladung voller positiver Hormone in unser Blut und reduziert demzufolge die Stresshormone erheblich.

Zelebriere den Körperkontakt, bitte freundlich und direkt darum! Vielleicht ist das ungewöhnlich für dich oder euch, aber versuche es trotzdem einmal. Umarmungen, Händchenhalten und Kuscheln machen uns gesund und glücklich. Wer keinen Partner hat, kann jedes Familienmitglied, einen Freund oder eine Freundin zum Kuscheln nutzen.

RÜCKZUG

Minimiere die Reize in deiner Umgebung. Schalte elektronische Geräte aus. Verzichte darauf, auf jeder Hochzeit zu tanzen. Meide Partys und Events. Triff diese eine Freundin nicht, die immer etwas von dir will und nie etwas zurückgibt. Delegiere Aufgaben in Arbeit, Haushalt, Familie. Konsumiere weniger. Verringere deine Stressoren und ziehe dich eine Zeit lang in deine sichere, ruhige Höhle zurück.

MELISSENTEE

Der gute alte Tee mit einem Schuss Honig hilft sofort bei Aufregung und Stress. Wahlweise kannst du es auch mit Lavendel, Baldrian und Hopfen versuchen. Trinke den Tee langsam in kleinen Schlucken und tue nichts nebenbei.

Tue dir Gutes!

Maßnahmen zur Steigerung der Energie

Bist du erschöpft und brauchst einen kleinen Booster, der deine Energiereserven wieder auffüllt? Hast du Anstrengendes erlebt, das deine Speicher leergesaugt hat? Stresst dich eine noch zu bringende Leistung, für die du dich gerade gar nicht gewappnet fühlst?

Es gibt eine Reihe an möglichen SOS-Sofort-Maßnahmen, die du sofort umsetzen kannst.

YOGA

Das Yoga hat auch zur Energiesteigerung etliche Haltungen im Angebot. Bitte suche dir die Anleitungen im Internet heraus und probiere sie aus.

>>> Der Krieger
>>> Der Tänzer
>>> Der herabschauende Hund

SPORT

Bewegung, am besten an der frischen Luft, verhilft immer zu mehr Energie! Nun musst du aber nicht zum Marathonläufer werden oder dein Gehalt in Fitnessstudiogebühren stecken: Es reicht, wenn du einen Fuß vor den anderen setzt. Am besten in einer ländlichen Umgebung. Laufe so stramm, dass du tief Luft holen musst, aber nicht so schnell, dass dir die Puste ausgeht.

Auf welchen anderen Sport hättest du vielleicht Lust? Mal wieder im Schwimmbad ein paar Bahnen ziehen? Tanzen zu deiner Lieblingsmusik? Gymnastik? Ein Teamsport? Probiere ruhig mal etwas aus, wenn es dir nicht gefällt, musst du ja nicht dabeibleiben!

KLOPFEN

Klopfe mit den flachen Händen deinen Körper ab, beginnend an den Füßen und Beinen. Klopfe sachte und sorgfältig. So kann deine Energie wieder fließen und der Stoffwechsel kommt wieder in Gang. Schüttle Arme und Beine aus, wenn du fertig bist.

ENERGIEFRESSER ELIMINIEREN

Sie lauern überall, aber manchmal nehmen wir sie gar nicht bewusst wahr: Menschen, die uns heimlich und dreist unsere Energien rauben! Sie zu bemerken ist der erste Schritt. Ihre Taktik zu verstehen der zweite. Schließlich kannst du dich im dritten Schritt gegen sie wehren. Funktioniert das nicht, weil du nicht genau weißt, wie, oder weil sie sich einfach nicht aufhalten lassen, dann meide sie künftig konsequent!

>>> Der **Nörgler** findet alles furchtbar und meckert ständig über Gott und die Welt. Dank seiner negativen Sicht, die er verbreitet wie Gift, ist auch deine Laune bald im Keller.

>>> Der **Manipulator** bringt dich immer wieder dazu, Dinge zu tun, die du gar nicht tun willst und Gedanken zu haben, die dir überhaupt nicht gefallen und auch nicht guttun. Er bringt dich kraft deines schlechten Gewissens dazu, in seinen Interessen zu handeln und profitiert von deiner Leistung, ohne selbst etwas dafür getan zu haben. Wenn du nicht aufpasst, presst er dich aus wie eine schrumpelige Orange. Der Manipulator ist besonders gerissen, denn er arbeitet nicht nur mit emotionaler Erpressung, sondern oft auch mit Lob, Anerkennung und Schmeichelei.

>>> Der **Egozentriker** füllt jedes Gespräch mit nur einem einzigen Thema: ICH, ICH, ICH. Auf

Dauer ist er sehr nervend und anstrengend. Für deine Bedürfnisse hat er kein offenes Ohr und für deine Sorgen kein Verständnis. Er erwartet, dass deine Energien allesamt in das Loch fließen, das er gegraben hat und an dem sein Name prangt.

>>> Der **Sklaventreiber** ist unter den Chefs weit verbreitet. Er überschüttet dich mit einer Fülle von Aufgaben, die überhaupt nicht zu schaffen sind, und erkennt keine Grenzen an. Auch Kinder oder Familienmitglieder können zu Sklaventreibern werden. Im Umgang mit ihnen ist es besonders wichtig, sich seine realistischen Maßstäbe über schaffbare Pläne zu erhalten und immer wieder in Erinnerung zu rufen.

Es gibt noch viele andere Energieräuber, die ein eigenes Buch füllen könnten. Sich vor ihnen zu schützen ist aber immer möglich, indem man Distanz schafft und seine eigenen Grenzen im Hinterkopf behält.

Tue dir Gutes!

Maßnahmen für mehr Inspiration

Du wünschst dir, schöpferisch tätig zu sein, doch dein Alltag kostet dich so viel Kraft, dass dein Kopf in den freien Stunden wie leer gefegt erscheint?

Auch dagegen gibt es eine Reihe an möglichen SOS-Sofort-Maßnahmen, die du sofort umsetzen kannst.

LEKTÜRE

Ja, wirklich. Lies ein Buch. Aber nicht irgendeinen nichtssagenden klassischen Schinken oder einen Thriller nach Nullachtfünfzehn-Schema, sondern ein Buch mit philosophischem Mehrwert. Sehr gut eignen sich dafür Biografien großer und großartiger Menschen.

KUNST / KULTUR

Geh ins Museum, eine Ausstellung, auf einen Kunsthandwerkermarkt oder eine Lesung. Jeder Ort, an dem sich Menschen treffen, die Kunst schaffen, eignet sich, um deine eigene Schöpferkraft wiederzuentdecken.

GESPRÄCHE

Viele Themen, die wichtig wären, gehen in der Hektik des Alltags unter. Natürlich ist es wichtig, was es Sonntag zu essen gibt oder dass Olivenöl nicht auf der Einkaufsliste fehlen darf, aber darüber hinaus führen wir viel zu wenige Gespräche über gesellschaftliche, künstlerische, philosophische oder politische Themen. Suche dir Gleichgesinnte, die sich für deine Themen ebenfalls interessieren und stelle Fragen. Es kann sich ein Gespräch ergeben, von dem du noch lang zehren wirst.

5x5x5x-ÜBUNG

Begib dich in den Wald, an den Strand, in die Innenstadt oder an einen anderen Ort. Gehe nacheinander alle deine Sinne durch, (wobei du den Geschmackssinn weglassen solltest.)

<u>Schau dich um:</u> Nenne fünf Dinge, die du siehst. Wie sieht die Natur aus? Wie die Menschen? Wie die Umgebung?

Lausche: Nenne fünf Dinge, die du hörst.
Vogelgezwitscher, Wind in den Bäumen, Autolärm, Stimmen? Was reden sie? Worüber sprechen sie?

Schnuppere: Nenne fünf Dinge, die du riechst.
Wir wissen, dass der Wald moosig und pilzig riecht, die Stadt nach Abgasen und das Meer salzig. Aber wann nehmen wir diese Duftnoten jemals bewusst wahr?

Fühle: Nenne fünf Dinge, die du spüren kannst.
Wie fühlen sich Blätter und Rinde an? Steine, Beton, Stahl, Glas?

Wenn du magst, erfinde kleine Geschichten von dem Ort, an dem du dich befindest. Was könnte hier passieren? Etwas Fantastisches? Gruseliges? Schönes?
Wer sind die Leute um dich herum, was tun sie und warum tun sie es? Wie lauten ihre Lebensgeschichten und Schicksale?
Diese kleine Übung schärft deine Sinne und schult dich in Achtsamkeit. Die Geschichten können überdies ziemlich viel Spaß machen. Sie lockern kreative Dämme und lassen deine Gedanken wieder fließen.

COLLAGE

Nimm dir ein paar Zeitschriften und Farben und gestalte eine Collage. Sie muss nicht schön oder besonders werden, sondern nur Spaß machen.

Ideen für Themen sind:

- dein gegenwärtiger Gemütszustand
- deine Träume, Wünsche und Sehnsüchte
- deine Ziele
- dein perfektes Haus
- dein perfekter Ort zum Leben
- deine Ängste
- deine Interessen

UMDENKEN

Denke dir mindestens fünf neue Nutzungsmöglichkeiten für banale Alltagsgegenstände aus. Was könnte man noch damit tun?

Ideen für Gegenstände sind:

Reifen, Postkarte, Pflasterstein, Schlüssel, Haarbürste, Wischeimer, Unterhose, Stift, Radiergummi, Auto, Leiter

Stille
Warum ist dein Leben jetzt und hier perfekt?
(Collage)

Heilsame Melodien

Musik, die entspannt oder Energie schenkt

Die Freude an Rhythmen und Melodien steckt uns ganz tief in den Seelen. Auf irgendeine Weise hat jeder Mensch einen Bezug zur Musik und irgendwelche Vorlieben. Universell ist, dass Musik einen direkten Zugang zu unseren Emotionen ermöglicht. Sie kann heilen und Schmerzen lindern. Sie senkt den Herzschlag und Blutdruck, sie normalisiert die Atemfrequenz, sie beeinflusst Hormonhaushalt und Stimmung. Musik ist ein Allrounder, wenn es darum geht, unsere Seele zu schützen, zu pflegen und zu erneuern.

Im Folgenden findest du Musikstücke, die laut einiger Studien eine bestimmte Wirkung auf den Organismus haben. Setze sie jeweils ein, wenn du die entsprechende Wirkung erzielen willst.

Probiere ruhig auch selbst aus, welche Musikstücke erwünschte Reaktion in dir auslösen. Welche erden und nähren dich? Welche steigern dein Wohlbefinden? Welche erhöhen dein Energielevel? Ganz entscheidend ist der persönliche Geschmack, denn Musik wirkt am besten, wenn sie gefällt und das Herz berührt.

Entspannende Wirkung:

>>> *Weightless* von Marconi Union

>>> *Watermark* von Enya

>>> *Che soave zefiretto* von Wolfgang Amadeus Mozart

>>> *Allegro, Viertes Brandenburgisches Konzert* von Johann Sebastian Bach

>>> Stücke von Sigur Rós

Energetisierende Wirkung:

>>> *I will survive* von Gloria Gaynor

>>> *Walking on Sunshine* von Katrina and the Waves

>>> *Living on a prayer* von Bon Jovi

>>> *Don't stop me now* von Queen

>>> *Wouldn't it be nice* von Beach Boys

Innehalten
Was bringt deinen Geist zur Ruhe?
(Collage)

Sei heute einmal nicht perfekt!

Wie die Pareto-Regel der Seele nützt

Die Pareto-Regel besagt, dass nur 20% Aufwand 80 % Ertrag einbringen. Ergänzend müsste man für die fehlenden 20% allerdings ganze 80% Aufwand investieren, um auf 100% zu kommen. Diese Regel ist auf viele Bereiche anwendbar, nicht zuletzt in der Wirtschaft, (wo sie auch herstammt).

Menschen, die ihrer Seele etwas Gutes tun wollen, sollten diese Regel verinnerlichen und versuchen, nicht mehr immer und überall die vollen hundert Prozent geben zu wollen. Oft genug reichen auch die berühmten 80%, bei denen ein überschaubarer Einsatz die eigenen Ressourcen schont.
Freilich muss man damit leben und können wollen, dass das Ergebnis dann eben nicht perfekt ist, sondern nur „gut". Aber wie oft ist *gut* absolut genug?

Überlege, in welchen Bereichen deines Lebens du die Pareto-Regel künftig einsetzen kannst.

Ein paar Beispiele:

- Wenn du Texte oder Mails schreibst, korrigiere sie in einziges Mal und schicke sie dann ab oder reiche sie ein. Niemand wird dir den Kopf abreißen, wenn noch ein Tippfehler drin ist.

- Koche gesund und reichhaltig, aber übertreibe es nicht. Eine Suppe schmeckt auch mit fertiger Brühe, wenn du keine Zeit und Lust hast, selbst eine zuzubereiten. Geschnippeltes Tiefkühlgemüse ist eine Alternative zu frischem, wenn es schnell gehen soll.

- Beschränke deinen Hausputz auf eine regelmäßige Reinigung, die nicht zu einem keim- und völlig staubfreien Ergebnis führen muss. Wichtig ist, dass du selbst dich wohlfühlst. Einigermaßen aufgeräumt und sauber reicht, alles darüber hinaus ist nur dann angebracht, wenn du selbst Lust darauf hast.

- Wenn du Besuch bekommst, tut es auch mal ein gekaufter Kuchen. Die Gastfreundlichkeit bemisst sich nicht an der

Zeit, die du vorher in der Küche gestanden hast.

- Sage Termine ab (oder gar nicht erst zu), wenn dein Plan zu voll ist oder du dich ausgelaugt fühlst. Es anderen Menschen immer recht machen zu wollen, führt garantiert dazu, dass einer dabei auf der Strecke bleibt: du selbst.

- Schränke deine Auswahl ein: Nutze hochwertige und langlebige Kleidung, die du gern trägst und in der du dich wohlfühlst. Kaufe in kleinen Läden, die nicht zwanzig Joghurtsorten im Regal haben. Kaufe eine Zeit lang einmal gar nichts. Halte deine Listen überschaubar, vor allem die mit den Aufgaben. Umgib dich mit Menschen, die du als Bereicherung empfindest. Verzichte auf Krempel und Kram, miste, wenn nötig, aus. Mit je weniger Zeug du dich beschäftigen musst, umso weniger Zeug musst du pflegen.

- Lege dir zeitliche Fristen für Projekte fest. Wenn die Zeit abgelaufen ist, ist das Projekt beendet, auch, wenn ihm noch das Tüpfelchen auf dem i fehlt.

- Behalte nur die Apps auf deinem Handy und die Programme auf deinem Computer, die du wirklich nutzt.

- Sei nicht immer erreichbar. Insbesondere für berufliche Belange solltest du nach Feierabend grundsätzlich nicht zur Verfügung stehen. Du kriegst den Kopf nicht frei, wenn du dir selbst eine ständige Bereitschaft auferlegst.

- Verzichte auf alles, was dich stresst und in keinem Verhältnis zu dem steht, was es dir gibt. Du musst beispielsweise keine Weihnachtskarten selbst basteln oder Geschenke mühevoll einpacken, beides ist als Service einkaufbar.

- Sei nicht immer und überall Vorbild. Fluche, wenn dir danach ist. Benutze Schimpfwörter. Lasse Frust und Ärger heraus, auf dass der innere Druck mal nachlässt. Du musst nicht immer dem Bild entsprechen, das andere Leute sich von dir machen. Und auch nicht dem, was du dir selbst von dir machst.

- Übe dich darin, es auszuhalten, dass du nicht mehr in allem perfekt bist oder dich nicht mehr selbstverständlich um alles kümmerst. Fordere Unterstützung ein. Gib Tätigkeiten ab, auch, wenn du sie selbst besser erledigen könntest. Nutze die freie Zeit für dich.

Kennst du noch mehr Beispiele?

Du gewinnst durch dieses Vorgehen erheblich mehr Zeit, schonst deine Nerven und nimmst viel Druck aus deinem Alltag.

Die Magie des Windes
Spüre in dich hinein und suche dort nach Antworten.
(Collage)

Bleibe in Verbindung!

Wie Kontakte dich stärken

Die Verbindung zu anderen Menschen ist gleichermaßen Segen und Fluch. Je nachdem, welche Bedeutung sie für uns hat und wie wir sie gestalten, kann sie uns Kraft geben oder uns schwächen. Menschliche Beziehungen sind niemals frei von Konflikten und Unstimmigkeiten und auch an denen können wir wachsen.

Bleibe aufmerksam hinsichtlich der Gestaltung deiner Beziehungen. Die folgenden Ideen helfen dir dabei, sie zu pflegen und als Kraftquelle zu erleben. Manchmal ist es allerdings nötig, sich von nicht mehr passenden oder schädlichen Beziehungen freizumachen. Wenn du das schaffst, wirst du eine Zeit lang trauern, dich aber auch freier, selbstbestimmter und erleichtert fühlen.

Ideen zur Beziehungspflege:

- Unternimm etwas Schönes mit einem dir wertvollen Menschen. Das kann ein Tagesausflug oder ein Urlaub sein. Schenke euch beiden gemeinsame Zeit und sorge für schöne Erinnerungen.

- Schaffe Zeit für echte Gespräche. Nicht die Gespräche über Heim, Hof, Kinder und Alltag, sondern über die Themen, die euch wirklich berühren und verbinden. Träumt zusammen, spinnt gemeinsam herum, verwandelt die Welt in einen Zaubergarten.

- Schreibe einem lieben Menschen einen Brief oder eine Postkarte und teile ihm mit, was genau du an ihm so magst und warum er dir so viel bedeutet.

- Erfreue einen Menschen mit einem Geschenk außer der Reihe. Überlege dir etwas Besonderes, überrasche die Person damit und wenn sie erstaunt fragt, wie es dazu kommt, sag: „Einfach so."

- Hilf jemanden, selbst, wenn es einen Aufwand für dich darstellt oder eine unangenehme Tätigkeit ist. Insbesondere Umzüge, Krankenbesuche und liebeskummergeplagte Zusammenbrüche gehören nicht zu den Aktivitäten, bei denen erfahrungsgemäß viele Unterstützer zur Verfügung stehen. Ändere das.

- Knüpfe einen neuen Kontakt an einem für dich neuen Ort. Vielleicht hast du Lust auf ein Seminar? Oder du gehst mal allein ins Kino? Vielleicht schnupperst du mal in eine bestimmte Gruppe in einem Netzwerk rein? Oder du sprichst jemandem in einem Café an?

  Je älter wir werden, umso schwerer fällt es uns, Kontakte neu zu erschaffen, vor allem, wenn sie über Small Talk hinausgehen. Trotzdem besteht immer und überall die Gelegenheit, dich zu vernetzen und auf Menschen zu treffen, die zu dir passen.

<u>Ideen zum Loslassen:</u>

- Liegt ein Konflikt mit jemandem vor, der vielleicht schon lange gärt und euch auseinandergetrieben hat, dann schlage eine Aussprache vor. Wage es, die Dinge beim Namen zu nennen und eine Klärung herbeizuführen. Bleibe dabei sachlich und fair und versuche, auch die Seite deines Gegenübers zu verstehen. Überlege, was euch noch verbindet und was die Person dir noch bedeutet. Bestenfalls endet diese

Konfrontation mit einer Versöhnung und eure Beziehung kann weitergeführt werden. Willst du das nicht – oder will dein Gegenüber es nicht – dann sorgt dieses Gespräch für einen sauberen Abschluss und jeder weiß, woran er ist.

- Beschäftige dich mit dem Verzeihen. Wenn du starke negative Gefühle für jemanden hegst, schadet es dir selbst oft mehr als diesem Menschen. Du bist dann nicht einmal frei genug, ihn aus deinem Leben und deinem Kopf zu verbannen, weil er immer irgendwo im Hintergrund lauert.

Ob ein Ex-Partner, die Eltern oder ehemalige Freunde – und ganz gleich, was dir angetan wurde – du hast die Macht, einen Schlussstrich zu ziehen und dich davon zu befreien. Es funktioniert sogar bei Menschen, die bereits tot sind und mit denen deshalb keine Konfrontation mehr möglich ist.

Teile deinem (abwesenden!) Feind in einer ruhigen Minute all das mit, was dir auf der Seele lastet. Sprich es aus oder schreib es auf. Lass alles raus, was dich auf belastende Weise mit diesem Menschen verbindet. Verbrenne dann einen Gegenstand, der dich an diese Person erinnert und entscheide dich bewusst dafür, sie von jetzt an loszulassen.

Es kann sein, dass dieser Vorgang mehrfach vollzogen werden muss. Aber das Gefühl, nicht mehr der Sklave deiner Gedanken zu sein, wird dich mit Freude und Erleichterung erfüllen.

Verzeihen bedeutet übrigens nicht, alles gutzuheißen, was jemand getan hat. Es bedeutet, anzuerkennen, dass die Dinge so waren, wie sie waren und dass du sie nicht mehr ändern kannst. Man muss das nicht gutheißen, aber man kann sich dazu entscheiden, es als gegeben zu akzeptieren. Du hast durch das Verzeihen die Chance, dein Herz wieder freizuräumen für Menschen, die es wirklich erwärmen und nicht verletzen.

- Sei dreist und pfeife auf Konventionen. Menschen, die dich schlecht behandeln, haben nichts in deinem Leben zu suchen. Brich ohne schlechtes Gewissen den Kontakt ab. Du hast alles Recht der Welt, dich zu schützen.

Kostbarkeiten
Lebst du dein Leben auf deine Art?
(Collage)

Ja, aber...!

Akzeptanz und Dankbarkeit trotz widriger Umstände

Du wirst sagen, die Tipps sind ja alle gut und schön für jemanden, der mit sich und seinem Leben einigermaßen zufrieden ist. Aber du bist das gerade nicht! Vielleicht führst du nicht die Beziehung, die du dir erträumt hast. Vielleicht bist du krank oder hast Schmerzen. Vielleicht haben Menschen dich enttäuscht und verletzt. Vielleicht stellt dein Job jeden Tag aufs Neue eine unüberwindbare Hürde dar. Vielleicht haben sich Sehnsüchte nicht erfüllt oder du hast etwas oder jemanden unwiederbringlich verloren. Vielleicht verläuft dein Leben ganz anders, als du es dir einst gewünscht hättest.
Das tut weh!

Und für solche Gedanken gibt es keinen ultimativen Trost. Aber es gibt ein paar Aspekte, die du in dem Urteil über dein Dasein unbedingt berücksichtigen solltest.

1. Die Dinge sind, wie sie sind. Allzu oft hast du keinen oder wenig Einfluss auf

die Umstände. Höre dann auf, Energie in einen Kampf zu investieren, den du nicht gewinnen kannst. Nutze deine Energien lieber für Dinge, die dir wichtig und immer noch realisierbar sind. Akzeptiere nicht mit Resignation, sondern mit hoch erhobenem Kopf. Siehe die Umstände nicht als Bedrohung oder Zumutung an, sondern mach aus ihnen das Beste, das dir in deiner Lage möglich ist.

Manchmal sind die Umstände allerdings durchaus veränderbar. Überlege dir gut, ob du bereit bist, den Preis dafür zu bezahlen. Und dann ändere sie, soweit du kannst.

2. Dir wurde etwas genommen? Verweigert? Nie gegeben?
Überlege, was dir darüber hinaus bleibt. Gewiss gibt es Dinge und Menschen in deinem Leben, die dein Herz erwärmen und dich glücklich machen. Vergiss nicht, dass auch du in der ein oder anderen Art beschenkt wurdest. Schätze es und kümmere dich gut darum.

3. Fühle in dich hinein. Körper, Gedanken und Gefühle können dich nur durchs Leben leiten, wenn du sie wahrnimmst. Viele Dinge werden leichter durch achtsames Verhalten. Manch unangenehme Empfindung bekommst du dadurch in den Griff und dann wirst du offener und empfänglicher für das Gute in dir und um dich herum.

4. Gib das im Leben, was dir möglich ist, ohne dich selbst zu verlieren. Und dann hadere nicht mit Zweifeln oder Schuld. Du tust, was du kannst. Das genügt.

5. Ziehe Vergleiche nach unten. Es gibt jede Menge Menschen, denen geht es, jedenfalls objektiv betrachtet, viel schlechter als dir. Du kennst die ganzen Sprüche mit den hungernden Kindern, den vergewaltigten Frauen, den Eingesperrten und Dahinsiechenden... Fakt ist: Dir passieren gute und schlechte Dinge im Leben. Vielleicht schlägt die Waage eine Zeit lang in die ein oder andere Richtung stärker aus. Aber alles in allem bist du vielleicht doch ein glücklicher Mensch.

Und mein Herz begann zu singen
Warum singt deines?
(Collage)

Fredi
– Wundersame Zeitreisen durch die Eisenacher Geschichte

Katharina Lindner

Tauche jetzt ein in die fantastischen Abenteuer, die eine Frau mit der Puppe aus ihrer Kindheit erlebt!

Die Handlung:

Stell dir vor, nachts lädt dich die lebendig gewordene Puppe aus deiner Kindheit zu Zeitreisen durch deine Heimatstadt ein. Du bist plötzlich mittendrin – im Stadtbrand, der Hexenverfolgung, der Pest, der Hungersnot und vielen anderen Ereignissen. Du begegnest Persönlichkeiten wie der Heiligen Elisabeth, Martin Luther und Johann Sebastian Bach. Du bist im Gestern und kannst gleichzeitig dein Morgen nach deinen Wünschen gestalten. Würdest du diese Reisen wagen? Und was wartet am Ende deiner Mission auf dich?

Sieben Jahrhunderte Eisenacher Stadtgeschichte, verpackt in die spannende Geschichte einer persönlichen Entwicklung und einer nicht ganz alltäglichen Familie!

Paperback, 564 Seiten
ISBN-13: 9783740712754
17,99 Euro, Verlag Twentysix

Überall im Handel und Internet erhältlich.

Zeugnis einer Liebe

Katharina Lindner

Oscar Wilde ging in die Geschichte der Literatur ein, jedoch nicht nur durch seine bedeutenden Theaterstücke und den Roman „Das Bildnis des Dorian Gray", sondern vor allem durch sein damals als skandalös empfundenes Liebesleben. Der Roman erzählt die tragische Lebensgeschichte des Dichters, der sich in einen egozentrischen jungen Lord verliebt und von ihm nicht mehr loskommt. Deshalb verliert er alles: Geld, Ansehen, Ruhm, Familie und die Freiheit. Die Geschichte wurde vom viktorianischen England in die gegenwärtige Zeit verlegt, weil sie auch heute nichts von ihrer Brisanz verloren hat.

Paperback, 244 Seiten
ISBN: 978-3-935910-27-9
17,80 Euro, Ancient Mail Verlag

Überall im Handel und Internet erhältlich.

Du willst mehr erfahren?

Besuche Katharina Lindner auf ihrer Homepage:

www.lindner-katharina.de

Besuche den Seelenheiter-Blog:

www.seelenheiter.blogspot.com

Was bringt die menschliche Seele
zum Lächeln?
Literatur, Kunst und Tipps, wie du ein
erfülltes und glückliches Leben führen kannst.
All das findest du dort
in regelmäßigen Beiträgen.

Uns gehört nur die Stunde.
Und eine Stunde,
wenn sie glücklich ist,
ist viel.

Theodor Fontane